大般若波羅蜜多經

第五百七十二卷

寬謙法師講經版

㊢玄奘譯

釋寬謙註述

【經文譯者簡介】

玄奘

俗名陳禕，又稱三藏法師。玄奘出生於隋朝仁壽二年（六〇二），洛州緱氏縣（今河南省洛陽市偃師區南境）人。十三歲入洛陽淨土寺出家，依兄習經。唐太宗貞觀三年（六二九），二十六歲時，冒險出國，經八百里戈壁沙漠，過蔥嶺（今帕米爾高原）入印度，留學那爛陀寺五年，師承戒賢大師，又依靠雙腳行遍古老印度，回國後口述這段遊歷，由弟子辯機記錄撰文為《大唐西域記》。

唐貞觀十九年（六四五）玄奘返長安設立譯經院，二十年中譯經論凡七十五部、一千三百五十五卷。晚年譯出《大般若經》六百卷，校合三種梵文本，將般若部集大成經典呈現於世人面前。他被譽為漢傳佛教最偉大的譯經師之一、中國四大翻譯家之一。

【註述者簡介】

釋寬謙

宜蘭人，一九八六年出家於新竹法源講寺，國立成功大學建築研究所畢業。現任新竹永修精舍住持、北投覺風佛教藝術學院院長、覺風佛教藝術文化基金會、楊英風藝術教育基金會負責人。曾協助新竹福嚴佛學院及臺北慧日講堂、花蓮聖覺寺等重建。歷任福嚴、圓光佛學院、弘誓學院、玄奘大學講師、華梵大學特聘教授。

擅長以理工思考模式，運用圖表來圖解佛法，提供組織化、系統化的學佛方式。發行《八識規矩頌》、《心經》、《成佛之道》等DVD計四十部、一千七百多集，並彙集於播經機。歷年舉辦亞洲佛教藝術研習營、學術研討會、展覽會、佛法與文化課程、佛教藝術課程並配合朝聖旅行，對社會大眾的推廣，不遺餘力。著有《無悔前行：佛教藝術濺積者釋寬謙口述史》、《解開生命的密碼：八識規矩頌講記》、《大智慧到彼岸：心經講記》等。

大般若波羅蜜多經卷第五百七十二

三藏法師玄奘奉　詔譯

第六分顯德品第十一

爾時，曼殊室利菩薩摩訶薩從座而起，頂禮佛足，偏覆左肩，右膝著地，合掌恭敬白言：世尊，諸菩薩摩訶薩經幾劫數行深般若波羅蜜多，供養幾佛，而能對揚如來所說甚深般若波羅蜜多如最勝天王者？佛告曼殊室利菩薩摩訶薩言：善男子，如此之事不可思議，若非無量百千大劫修集眾行種諸善根，則不得聞甚深般若波羅蜜多功德名字，善男子，十方各如殑伽沙界，其中所有諸殑伽沙尚可知數，是菩薩摩訶薩行深般若波羅蜜多，所經劫數、供養幾佛俱不可知。善男子，過去無量無數無邊難思議劫，有佛出世名曰多聞，十號具足，劫名增上，國名日光。多聞如來為諸菩薩摩訶薩說清淨法門言：善男子，汝應精勤修諸善法，勿顧身命。時，彼會中有一菩薩名精進力，即從座起頂禮佛足，偏覆左肩，右膝著地，合掌恭敬而白佛言：世尊所說，汝應精勤修諸善法，勿顧身命。如我解佛所說義者，諸菩薩摩訶薩宜應懈怠不修善法，乃能速證無上菩提。所以者何？若諸菩薩勤修眾善，是則不能久住生死利樂有情，然諸菩薩行深般若波羅蜜多，伏斷煩惱久住生死，終不自為速證涅槃，但為利樂諸有情故，菩薩以處生死為樂，不以涅槃而為樂也，何以故？諸菩薩摩訶薩以化有情而為樂故。謂隨所樂方便善巧，說授法門令得安樂，若勤修善便速盡漏，不能利樂一切有情。是故菩薩觀察生死多諸苦惱，起大悲心不捨有情成就本願。世尊，諸菩薩摩訶薩具方便力久住生死，得見無量無邊如來，聽受無量無邊正法，化導無量無邊有情，是故菩薩為如是事不厭生死、不樂涅槃。世尊，諸菩薩摩訶薩若觀生死而起厭怖、欣樂涅槃則墮非道，不能利樂一切有情，通達如來甚深境界。云何非道？謂樂聲聞及獨覺地，於有情類無大悲心。所以者何？聲聞、獨覺所行之道，非諸菩薩摩訶薩道。何以故？聲聞、獨覺厭怖生死、欣樂涅槃，不能具足福德智慧，以是義故非菩薩道。時，多聞佛即便讚歎精進力言：善哉，善哉，如汝所說。諸菩薩摩訶薩應修自行，勿習非道。時，精進力白言：世尊，何謂菩薩自所行道？多聞佛言：菩薩成就一切福慧，以大悲力不捨有情，遠離聲聞及獨覺地，得無生忍不捨三界，無所希望生長善根，方便善巧修行一切波羅蜜多，以智慧力無分別心生長善根，成就盡智無量功德，雖知諸法無一可生，而方便現生，雖知有情無一實有，而方便化導，知一切法皆離自性，觀諸佛土猶如虛空，而能巧便嚴淨佛土，知一切佛法身無像，方便示現相好莊嚴，隨諸有情心所好樂，即能方便而授與之。菩薩身心雖常寂靜，而說諸法化導有情，亦以巧便遠離喧雜，修諸寂定知自性空，悉能通達甚深智慧，能以方便為他說法，不證聲聞、獨覺乘果，勤求如來所證解脫，不捨菩薩一切道行。善男子，是名菩薩自所行道。曼殊室利，時，精進力從彼如來聞說菩薩所行境界，得未曾有，尋即復白多聞佛言：希有，世尊，如我解佛所說義者，菩薩具足方便善巧，觀一切法無非是道。譬如虛空含容眾色，如是菩薩具大方便，所行之道攝一切法。又如虛空，一切草木、花果、香樹因之生長，如是諸物於虛空界不能染淨、不令瞋喜，如是菩薩具大方便甚深般若波羅蜜多，觀一切法皆悉是道，謂異生法、若聲聞法、若獨覺法、若菩薩法、若如來法。何以故？是諸菩薩所通達故。譬如大火若遇草木必無退還，是諸草木皆順益火發其光明，如是諸法無不皆順菩薩道，故名菩薩道。譬如金剛自體堅密，刀不能斫，火不能燒，水不能爛，毒不能損，如是菩薩方便智慧，獨覺、聲聞及諸外道一切煩惱所不能壞。如水清珠能清濁水，如是菩薩甚深般若波羅蜜多，能使有情一切煩惱悉得清淨。譬如良藥、妙寶神珠，毒不共居能消眾毒，如是菩薩行深般若波羅蜜多方便善巧，不與一切煩惱共居，而能斷滅一切煩惱。以是因緣，所有諸法皆是菩薩摩訶薩道。曼殊室利，彼精進力說是法時，八千菩薩俱發無上正等覺心，二百菩薩得無生忍。曼殊室利，彼精進力即是今者最勝天王。

爾時，曼殊室利菩薩復白佛言，世尊，云何諸菩薩摩訶薩行深般若波羅蜜多，得堅固力護持正法？佛告曼殊室利菩薩言：善男子，若菩薩摩訶薩寧棄身命不捨正法，於他謙下不起憍慢，卑賤恥辱其心能忍，飢渴有情施好飲食，在危難者能施無畏，於諸疾病如法療治，貧匱有情令豐財寶，諸佛靈廟修建嚴飾，惡事掩遏善事光揚，憂苦有情則施安樂，是菩薩摩訶薩行深般若波羅蜜多，得堅固力護持正法。曼殊室利復白佛言：世尊，云何諸菩薩摩訶薩行深般若波羅蜜多能調伏心？佛告曼殊室利菩薩言：善男子，若菩薩摩訶薩行深般若波羅蜜多，不預他事先思後行，心性調直離諂曲行，不自矜高意常柔軟，是菩薩摩訶薩能調伏心。曼殊室利復白佛言：若菩薩摩訶薩行深般若波羅蜜多能調伏心，當生何趣？佛告曼殊室利菩薩言：善男子，若菩薩摩訶薩行深般若波羅蜜多能調伏心，或生天上，或生人中，若生天上，則為帝釋，或作梵王堪忍界主，若生人趣，作轉輪王，或作餘王、長者、居士。天上、人中常得值佛，是菩薩摩訶薩行深般若波羅蜜多能調伏心，生如是趣。

曼殊室利復白佛言：世尊，正信流出何法？佛告曼殊室利菩薩：正信流出得真善友。世尊，多聞流出何法？佛言：多聞流出妙慧。世尊，布施流出何法？佛言：布施流出大富。世尊，淨戒流出何法？佛言：淨戒流出善趣。世尊，安忍流出何法？佛言：安忍流出容受一切有情。世尊，精進流出何法？佛言：精進流出能辨一切佛法。世尊，靜慮流出何法？佛言：靜慮流出遠離一切散動。世尊，般若流出何法？佛言：般若流出遠離一切煩惱。世尊，聽法流出何法？佛言：聽法流出遠離一切疑網。世尊，正問流出何法？佛言：正問流出於法決定妙智。世尊，居靜流出何法？佛言：居靜流出勝定及諸神通。世尊，正修流出何法？佛言：正修流出厭道。世尊，無常聲流出何法？佛言：無常聲流出於境無所攝護。世尊，苦聲流出何法？佛言：苦聲流出無生。世尊，無我聲流出何法？佛言：無我聲流出滅除我、我所執。世尊，空聲流出何法？佛言：空聲流出寂靜。世尊，正念流出何法？佛言：正念流出聖見。世尊，身心遠離流出何法？佛言：身心遠離流出一切妙定神通。世尊，聖道流出何法？佛言：聖道流出聖果。世尊，勝解流出何法？佛言：勝解流出成就一切解脫。世尊，佛生流出何法？佛言：佛生流出一切菩提分法。爾時，最勝前白佛言：云何佛生？佛告最勝：如發無上正等覺心。世尊，云何而發無上正等覺心？佛言：天王，如生大悲。世尊，云何而生大悲？佛言：不捨一切有情。世尊，云何不捨有情？佛言：應如不捨三寶。世尊，誰能不捨三寶？佛言：一切無煩惱者。爾時，最勝便白佛言：甚奇，世尊，希有，善逝，諸佛祕密甚深微妙，雖說法空、無生、無滅、本來寂靜，而不破壞善惡業果，遠離斷常。世尊，頗有有情聞如是法，不起敬信、生毀謗不？佛言：亦有。世尊，如是有情因過去世修行善業得受人身，由近惡友於是深法不能敬信、生毀謗心，則為辜負過去善業。諸佛恩德實為深重，假使有人以己肉血，供養諸佛亦不能報。以佛恩故，我等今者增長善根，得大法樂，住大自在，天、人恭敬。世尊，諸菩薩摩訶薩行深般若波羅蜜多，應知佛恩，親近善友，當修佛行證佛菩提。說是法時，眾中二萬五千菩薩得無生忍，四萬五千諸人、天眾俱發無上正等覺心，一萬二千諸天子眾遠塵離垢生淨法眼。

第六分現化品第十二

爾時，善思菩薩白最勝天王言：佛所化身更能化不？最勝答曰：今對世尊以為明證，佛所化身更能化作殑伽沙數無量化佛，種種色像、神通、說法利樂有情。所以者何？諸佛往昔願力清淨故能如是。善思菩薩復作是言：

天王善能說甚深法，謂佛往昔願力清淨。唯願天王請佛神力，令深般若波羅蜜多久住世間常無隱滅。最勝報曰：善思當知，甚深般若波羅蜜多一切如來常共守護。何以故？文字宣說甚深般若波羅蜜多，如是文字不起、不盡，常無隱滅，其所顯義亦不起盡，常無隱滅，由此諸佛甚深般若波羅蜜多亦無隱滅。何以故？法不生故。若法無生亦則無滅，即是諸佛祕密之教，如是妙理，如來出世若不出世性相湛然，名曰真如，亦名法界，亦名實際。隨順因緣而不違逆，是為正法，其性常住永無隱滅。善思菩薩復問天王：更何等人能護正法？最勝答言：若不違逆一切法者能護正法。所以者何？不違正理，常無諍論名護正法。善思復問：云何名為不違正理，常無諍論名護正法？最勝答曰：若順文字不違正理，常無諍論名護正法。何以故？世間愚夫皆著諸見，順正理者則常說空，是故世間共興諍論，如是愚夫愛重有法，順正理者於有則輕。世間說有常、樂、我、淨，順正理者說無常、苦、無我、不淨，是故世間共興諍論，諸愚夫類順世間流，順正理者逆世間流，是故世間共興諍論。世間愚夫著蘊、界、處，順正理者都無所著，是故世間共興諍論，順世愚夫不行正理，順正理者與世相違，故常無諍名護正法。善思菩薩復問最勝，今者天王為何所取？最勝答曰：善思當知，我不取我亦不取法。善思又問，云何不取？最勝答言：我自性離，有情及法自性亦離，如是諸離亦不可得，過去自性離，未來、現在自性亦離，如是諸離亦不可得，諸佛自性非離，諸佛自性非不離，諸佛土自性非離，諸佛土自性非不離，諸法自性非離，諸法自性非不離。善思當知，如是之行名順正理，無取、不取，能護正法。爾時，善思菩薩讚最勝天王言：善哉，善哉，大士，正士，能如是說甚深般若波羅蜜多，無取、無著、無文、無字，滅諸戲論，離能分別及所分別。爾時，眾中有一天子名曰賢德，從座而起頂禮佛足，偏覆左肩，右膝著地，合掌恭敬而白佛言：世尊，最勝天王所說無分別者為是何法？佛告賢德：天子當知，無分別者是寂靜法。所以者何？能取、所取俱不可得，不生、不滅、離我、我所，如是名為無分別法。若菩薩摩訶薩如是觀者能護正法，不見能護及所護法。說此法時，十千苾芻心得解脫，一千天子遠塵離垢生淨法眼。

爾時，善思菩薩問最勝天王言：何等

辯才能說如是甚深之法？最勝答言：一切煩惱習氣無者所得辯才，能說如是甚深之法，過語言道不可思量勝義妙智，如是辯才能說如是甚深之法。善思菩薩問賢德天子言：云何無生法中以辯才說？賢德天子答善思言：若菩薩摩訶薩不住無生無滅法者，則無辯才說甚深法。何以故？遠離戲論，不見所緣，不見能緣，心無所住，是故能說。不住我法，不住此彼，唯住清淨勝義諦中，是故能說。善思菩薩即白佛言：甚奇，世尊，賢德天子實為希有，乃能通達甚深之法，辯才無盡。佛告善思：賢德天子從妙喜界不動佛所，而來至此堪忍世界聽深般若波羅蜜多。汝等當知，賢德天子已於無量百千億劫，修習希有陀羅尼門，經劫說法亦不窮盡。善思菩薩復白佛言：何謂希有陀羅尼門？佛言：善思，此希有者名眾法不入陀羅尼門，此陀羅尼門過諸文字，言不能入，心不能量，內外法中皆不可得。善思當知，無有少法能入此者，是故名為眾法不入陀羅尼門。所以者何？此法平等，無高無下、無入無出，無一文字從外而入，無一文字從內而出，無一文字住此法中，亦無文字共相見者，亦不分別法非、法異。是諸文字說亦無滅、不說無增，從本際來都無起作及壞滅者。如諸文字，心亦如是，如心，一切法亦如是。何以故？法離言語亦離思量，從本際來無生無滅故無入出，由此名為眾法不入陀羅尼門。若能通達此法門者辯才無盡。所以者何？通達不斷無盡法故。若有人能入虛空者，則能入此陀羅尼門。善思當知，若菩薩摩訶薩能通達此陀羅尼門，心得清淨，身、語亦爾，所行順理，般若堅固，諸惡魔軍無能嬈者，一切外道不敢對揚，諸煩惱業莫之能壞，身力堅固心離怯弱，凡所演說辯才無盡，能宣深妙諸聖諦門，智慧多聞猶如大海，安住寂定喻妙高山，如師子王處眾無畏，世法不染猶淨蓮花，饒益有情譬之大地，洗除垢穢喻如大水，成熟世間方諸大火，增長善法同彼大風，清涼悅意類之朗月，能破眾闇其猶烈日，摧煩惱怨如威勇士，心性調伏猶大象王，能震法雷大龍為喻，普雨眾法譬之大雲，如大良醫除煩惱病，猶大國主善御世間，如四天王護有情類及護正法，如天帝釋於人天中富貴最勝心得自在，如大梵王於堪忍界主領自在身得無礙，如揭路荼示教有情，如世間父能流法寶，如毗沙門能出世間種種珍寶，福德智慧之所莊嚴，有情見者無不蒙益，諸佛世尊之所稱讚，天、龍等眾咸擁護之。善思當知，諸菩薩摩訶薩若得如是陀羅尼門，即能自在饒益有情，方便說法而不窮盡，心無疲倦不徇利譽，法施平等無有慳嫉，受持淨戒三業無愆，安忍清淨離諸恚惱，精進清淨所作成立，靜慮清淨善調伏心，

般若清淨永無疑惑，具四無量如大
梵王，能善修行等持、等至，入出自在
勝諸世間，修大覺因具諸福慧，受灌
頂位得大自在。佛說如是總持門時，
衆中六萬四千菩薩得不退轉，三萬
菩薩得無生忍，二萬天人遠塵離垢
生淨法眼，無量無邊人、天等衆俱發
無上正等覺心。

第六分陀羅尼品第十三

爾時，曼殊室利菩薩摩訶薩即從座起，頂禮佛足，偏覆左肩，右膝著地，合掌恭敬而白佛言：甚奇，世尊，如來所說，諸菩薩摩訶薩若得如是眾法不入陀羅尼門，成就無量無邊功德。佛告曼殊室利菩薩言：善男子，如是功德，假使如來百千年說亦未能盡。爾時，眾中有一菩薩名寂靜慧，即白曼殊室利菩薩摩訶薩言：若菩薩摩訶薩證得如是陀羅尼門，為佛世尊之所稱歎，如是菩薩善得大利，自行化彼皆悉不空。時，曼殊室利菩薩報寂靜慧菩薩言：善男子，勝義諦中無法可讚無色無相，無色相者有何可讚？

無可讚故於何歡喜？時，寂靜慧復作是言：我聞如來契經中說，諸法自性無我、我所，無能令喜亦無令瞋，此法平等菩薩應學。譬如大地依止水輪，若鑿井池得水受用，其不鑿者無由致之，如是聖智法平等境遍一切法，若有勤修般若巧便即便證得，其不修者云何得之？是故菩薩欲求無上正等菩提不應懈怠，若勤精進，如是所說法平等境則現在前。如生盲人不能見色，如是煩惱所盲有情，於平等法不能得見。如人有眼無外光明，不能覩見所有色像，如是行人雖有智慧，若無善友不能見法。如有天眼不假外明自能見色，如是菩薩預法流者自然勝進。譬如世間處胎藏者，雖漸增長而不自見，如是菩薩勤精進者，眾行漸增亦不自見，而能成辦一切佛法。如雪山中有妙藥樹，枝條、莖榦不枯不折，如是菩薩勤修精進，所有勝行不退不失。如轉輪王出現於世具七財寶，如是菩薩發菩提心具七法寶，所謂布施、淨戒、安忍、精進、靜慮、般若、巧便。如轉輪王遊四洲界，於有情類其心平等，如是菩薩以四攝事饒益有情，心常平等。如轉輪王隨所在處則無諍訟，如是菩薩如實說法亦無諍論。譬如三千大千世界初成，即有妙高山王及以大海，如是菩薩初發無上正等覺心，即有般若及以大悲。譬如日出，諸山高者其光先照，如是菩薩得般若炬，諸有高行根熟菩薩先蒙光照。譬如大地普能荷負，一切草木、花果、藥樹皆悉平等，如是菩薩證得如是陀羅尼門，於諸有情其心平等。爾時，佛讚寂靜慧言：善哉，善哉，如汝所說。諸菩薩摩訶薩若得如是陀羅尼門，諸有所說一文一字無非佛語，如是所說遠離色、聲、香、味、觸、法。何以故？此所說法非世俗故無盡無邊，能引一切身心輕利。假使百千佛前，說者亦不怯弱。所以者何？是菩薩摩訶薩佛加持故心無所著，謂不著我，不著有情，不著諸法，由此證得清淨真如、清淨法界、清淨實際，得法無盡、文字無盡、辯說無盡，爾時即生殊勝歡喜，得妙慧故，得妙智故，無疑網故。當佛說此總持門時，八千菩薩俱得如是眾法不入陀羅尼門，復有一萬二千菩薩得不退轉，五千菩薩得無生忍，一萬六千諸天子眾遠塵離垢生淨法眼，無量無邊諸有情類俱發無上正等覺心。爾時，佛告寂靜慧言：此陀羅尼能伏魔眾、摧諸外道、壞嫉法人。然般若燈滅煩惱火，護說法者令至涅槃，調伏內心、善化外眾，容儀整肅見者歡喜，為正行人平等說法，如實觀察有情根性，授法應時非前非後。佛說如是諸功德時，於此三千大千世界，一切大海、妙高山王、大地、諸山皆悉振動。爾時，天雨微妙音花、大微妙音花、妙靈瑞花、大妙靈瑞花、嗢鉢羅花、拘某陀花、鉢特摩花、奔荼利花、迦末羅花，諸天空中作眾伎樂。世尊復告寂靜慧言：善男子，過去無量無數無邊難思議劫，有佛出世名為寶月，十號具足，國名無毀，劫名喜讚，聲聞弟子三十二億，菩薩弟子無量無邊，然彼如來先無苦行及降魔事而證菩提。時，彼眾中有一菩薩名寶功德，具妙辯才，能為有情種種說法。時，諸大眾請彼如來不入涅槃久住於世。時，寶功德告大眾言：諸佛世尊無生無滅，何用勸請不入涅槃？若太虛空入涅槃者，如來乃可入般涅槃，若有真如、法界、實際、不思議界入涅槃者，如來乃可入般涅槃。所以者何？如來之法無成無壞、無染無淨，非世間非出世間、非有為非無為、非常非斷。假令一口而有十舌，是一一舌復生百舌，是一一舌復生千舌，亦不能說如來成壞，乃至不能說有常斷，云何大眾勸請如來不入涅槃久住於世？彼寶功德說此法時，八萬六千諸菩薩眾得不退轉，七千菩薩摩訶薩眾俱得無邊功德陀羅尼門、悅意陀羅尼門、無礙陀羅尼門、歡喜陀羅尼門、大悲陀羅尼門、月愛陀羅尼門、月光陀羅尼門、日愛陀羅尼門、日光陀羅尼門、妙高山王陀羅尼門、深廣大海陀羅尼門、功德寶王陀羅尼門，三萬六千人、天大眾遠塵離垢生淨法眼。世尊復告寂靜慧言：昔寶功德今汝身是，由此因緣，汝能說是陀羅尼門種種功德。時，曼殊室利菩薩摩訶薩而說頌言：

惣持猶妙藥，　能療眾惑病，　亦如天
甘露，　服者常安樂。
時，功德花王菩薩摩訶薩復說頌言：
惣持無文字，　文字顯惣持，　由般若
大悲，　離言以言說。
爾時，珊靚史多天王即從座起頂禮
佛足，偏覆左肩，右膝著地，合掌恭敬
而白佛言：諸佛功德不可思議，諸佛

所說不可思議，諸大菩薩所行勝行
所說妙法不可思議，我等諸天宿世
所植善根深厚，得值如來聞說如是
甚深妙法。即以無量天妙花香奉散
如來而為供養。爾時，佛告彼天王言：
天王當知，諸欲供養佛世尊者，當修
三法，一者、發菩提心。二者、護持正法。
三者、如教修行。天王當知，若能修學

此三法者，乃得名為真供養佛。假使如來一劫住世，說此供養所獲功德亦不能盡。是故，天王，若欲供養佛世尊者，具此三法名真供養。天王當知，若有護佛一四句頌，則為擁護過去、未來、現在諸佛所證無上正等菩提。何以故？諸佛世尊所證無上正等菩提從法生故。法供養者名真供養，諸供養中最為第一，資財供養所不能比。天王當知，我念過去無量無數難思議劫精勤修學菩薩道時，聞虛空中天說頌曰：

二人遠離王賊等，所不能侵大寶藏，
百千萬劫法難聞，得聞不持不施等。
大菩提心護正法，如教修行心寂靜，
自利利他心平等，是則名真供養佛。

天王當知，我於過去初聞此頌即為他說，時有八千諸有情類俱發無上正等覺心。是故，天王，以法供養最為第一。何以故？諸佛無上正等菩提從法生故。

第六分勸誡品第十四之一

爾時，曼殊室利菩薩復從座起，頂禮佛足，偏覆左肩，右膝著地，合掌恭敬而白佛言：如來所說甚深般若波羅蜜多，頗有有情於當來世正法將滅時分轉時能信受不？若善男子、善女人等聞說是經信受不謗，如此人等成何功德？佛告曼殊室利菩薩言：善男子，於當來世正法將滅時分轉時，有善男子、善女人等，曾於無量無邊佛所修行淨戒、靜慮、般若，是佛真子能信此經，所致功德不可稱計。諸勝善法從般若生，若有人能信受不謗，吾今為汝略以喻說。曼殊室利，此贍部洲周匝七千踰繕那量，北廣南狹形如車箱，其中人面亦復如是。假使充滿此贍部洲預流、一來、不還、阿羅漢、獨覺，如粟、稻、麻、竹、荻、蘆葦、甘蔗林等中無間隙。有善男子、善女人等盡彼聖眾壽量短長，以諸世間上妙飲食、衣服、臥具及醫藥等，起殷淨心奉施供養。般涅槃後各收馱都，起窣堵波嚴飾供養，或以七寶滿贍部洲積至梵宮，於諸聖眾各別奉施爾所七寶，畢自壽量晝夜三十年呼栗多相續不斷。曼殊室利，於意云何？是善男子、善女人等由此因緣獲福多不？曼殊室利即白佛言：甚多，世尊，甚多，善逝。佛告曼殊室利菩薩：若善男子、善女人等能於此經信受不謗，所獲福聚於前施福，百倍為勝，千倍為勝，乃至鄔波尼殺曇倍亦復為勝。曼殊室利，東勝身洲周匝八千踰繕那量，形如半月，人面亦爾。假使充滿東勝身洲預流、一來、不還、阿羅漢、獨覺，如粟、稻、麻、竹、荻、蘆葦、甘蔗林等中無間隙。有善男子、善女人等盡彼聖眾壽量短長，以諸世間上妙飲食、衣服、臥具及醫藥等，起殷淨心奉施供養。般涅槃後各收馱都，起窣堵波嚴飾供養，或以七寶滿勝身洲積至梵宮，於諸聖眾各別奉施爾所七寶，畢自壽量晝夜三十年呼栗多相續不斷。曼殊室利，於意云何？是善男子、善女人等由此因緣獲福多不？曼殊室利即白佛言：甚多，世尊，甚多，善逝。佛告曼殊室利菩薩：若善男子、善女人等能於此經信受不謗，所獲福聚於前施福，百倍為勝，千倍為勝，乃至鄔波尼殺曇倍亦復為勝。曼殊室利，西牛貨洲周匝九千踰繕那量，形如滿月，人面亦爾。假使充滿西牛貨洲預流、一來、不還、阿羅漢、獨覺、如粟、稻、麻、竹、荻、蘆葦、甘蔗林等中無間隙。有善男子、善女人等盡彼聖眾壽量短長，以諸世間上妙飲食、衣服、臥具及醫藥等，起般淨心奉施供養。般涅槃後各收馱都，起窣堵波嚴飾供養，或以七寶滿牛貨洲積至梵宮，於諸聖眾各別奉施爾所七寶，畢自壽量晝夜三十年呼栗多相續不斷。曼殊室利，於意云何？是善男子善女人等由此因緣獲福多不？曼殊室利即白佛言：甚多，世尊，甚多，善逝，佛告曼殊室利菩薩：若善男子、善女人等能於此經信受不謗，所獲福聚於前施福，百倍為勝千倍為勝，乃至鄔波尼殺曇倍亦復為勝。曼殊室利，北俱盧洲周匝十千踰繕那量，其形方正，人面亦爾。假使充滿北俱盧洲預流、一來、不還、阿羅漢、獨覺、如粟、稻、麻、竹、荻、蘆葦、甘蔗林等中無間隙。有善男子、善女人等盡彼聖眾壽量短長，以諸世間上妙飲食、衣服、臥具及醫藥等，起殷淨心奉施供養。般涅槃後各收馱都，起窣堵波嚴飾供養，或以七寶滿俱盧洲積至梵宮，於諸聖眾各別奉施爾所七寶，畢自壽量晝夜三十年呼栗多相續不斷。曼殊室利，於意云何？是善男子、善女人等由此因緣獲福多不？曼殊室利即白佛言：甚多，世尊！甚多，善逝！佛告曼殊室利菩薩：若善男子、善女人等能於此經信受不謗，所獲福聚於前施福，百倍為勝，千倍為勝，乃至鄔波尼殺曇倍亦復為勝。

CONTENTS

《大般若波羅蜜多經》簡介

般若系經典的思考特質

CONTENTS

第五百七十二卷：顯德品、現化品、陀羅尼品、勸誡品註釋與譯文

《大般若波羅蜜多經》簡介

關於《大般若經》翻譯流傳與意義

般若系列的經典於印度貴霜王朝時在南印度廣為流行，現存尚有梵文本與吉爾吉特寫本。後來經典由南印度向北印度傳播，於北印度開始普及，經由西域而傳入中國。

《大般若波羅蜜多經》，梵名為MahāprajñāpāramitāSūtra，略稱《大般若經》，共六百卷，收錄於《大正藏》第五、六、七冊，經號二二〇。為宣說「諸法空相」之義的般若類經典彙編，廣述菩薩道的甚深見和廣大行。「般若波羅蜜多」，意譯為「透過智慧度到彼岸的完成」；「般若」，意譯為慧、智慧、明，是明見一切事物及道理的高深智慧。「波羅蜜多」，又作波羅蜜，意譯為彼岸、度無極、度、事究竟，即自生死迷界的此岸而至涅槃解脫的彼岸。經中說菩薩為到達彼岸，必須修六種行（或十種行），亦即六波羅蜜（或十波羅蜜）。其中般若波羅蜜（智慧波羅蜜），為「諸佛之母」，是其他五波羅蜜的根本，居於最重要的地位。本經主旨在闡明萬事萬物都出於「因緣和合」，故其「空無自性」，因而後世也稱「空經」。

《大般若經》是由十六部經典所組成，分成十六會：

《初會》七十九品、四百卷。相當於梵本十萬頌般若。

《第二會》八十五品、七十八卷。又稱《大品般若經》，相當於梵本二萬五千頌般若。早期文句簡略的異譯本有《放光般若經》二十卷、《光讚經》十卷、《摩訶般若波羅蜜經》二十七卷。

《第三會》三十一品、五十九卷。相當於梵本一萬八千頌般若。

《第四會》二十九品、十八卷。又稱《小品般若經》，相當於梵本八千頌般若。

《第五會》二十四品、十卷。也相當於梵本八千頌般若。

《第六會》十七品、八卷。異譯本有《勝天王般若經》。（《大般若波羅密多經》卷五六六至卷五七三）。

《第七會，曼殊室利分》，二卷。相當於梵本七百頌般若。

《第八會，那伽室利分》，一卷。異譯本有《濡首菩薩無上清淨分衛經》。

《第九會，能斷金剛分》，一卷。相當於《金剛般若經》。

《第十會，般若理趣分》，一卷。

《第十一會，布施波羅蜜多分》，五卷。

《第十二會，淨戒波羅蜜多分》，五卷。
《第十三會，安忍波羅蜜多分》，一卷。
《第十四會，精進波羅蜜多分》，一卷。
《第十五會，靜慮波羅蜜多分》，二卷。
《第十六會，般若波羅蜜多分》，八卷。相當於《善勇猛般若經》。

本經為大乘佛教的基礎理論，亦為諸部般若經的集大成者。全經共有四處十六會，四處是指佛陀宣說本經之四個處所，即：王舍城鷲峰山、給孤獨園、他化自在天宮、王舍城竹林精舍；十六會中，第一、三、五、十一、十二、十三、十四、十五、十六等九會為玄奘大師新譯，共計四百八十一卷，其餘七會為重譯。其中前五會文異義同，都是對般若教義全面而有系統地敘述；第六會至第九會，纂取大部般若的精要，說無所得空的法門義理；第十會為佛陀對金剛手菩薩等說一切法甚深微妙般若理趣清淨法門等，帶有密教的色彩；最後六會，依次談六度（即六波羅蜜多）。全經文辭典雅暢達，是一部富有哲理的文學作品，並提供菩薩道上六度萬行的重要修行法門。

般若部漢譯，玄奘集大成

漢譯《大藏經》中，般若部是最大部的經典，而《大般若經》在般若部中佔約四分之三。《大般若經》歷時多次的翻譯，多由官方出資。成立發展過程中，最先是竺佛朔與支婁迦讖共譯《般若道行品經》十卷，通稱《道行般若經》，相當於《大般若經》第四會，是《大般若經》別行本傳入中國的先端。而最早形成的、卻似是八千頌般若，相當於《大般若經》第四會的小品般若。另朱士行西行求得二萬頌大品般若梵本，由無羅叉等譯成《放光般若波羅蜜經》二十卷，這相當於《大般若經》第二會。其後姚秦鳩摩羅什重譯出《大品摩訶般若波羅蜜經》二十七卷、《小品摩訶般若波羅蜜經》十卷及新譯《金剛經》等部般若，由此顯示出這時對於般若部類之說，已續有擴展。

及至唐朝玄奘大師（六〇二至六六四年），俗名陳禕，洛州緱氏縣（今河南省偃師市南境）人，承教於印度那爛陀寺的戒賢大師，並靠雙腳行遍古老印度。西元六四三年，玄奘回到中國，帶回六百五十七部佛經，在唐太宗大力支持下，玄奘在長安設立譯經院（國立翻譯院），廣邀全中國及東亞諸國的優秀文人參與譯經，花了十多年時間，將約一千三百三十卷經文譯成漢語。

玄奘大師晚年致力於譯出《大般若經》，從唐顯慶五年（六六〇年）至龍朔三年（六六三年）在坊州玉華宮寺譯完。這一工作是譯經史上的偉業，玄奘集眾重譯，校合三種梵文原本，以嘉尚、大乘欽、大乘光、慧朗、窺基等法師任「筆受」之職，玄則、神昉等法師任「綴文」之職，慧貴、神泰、慧景等法師任「證義」之職，譯成全部《大般若經》十六會共六百卷。玄奘不僅全譯出傳說的八部般若，而且還譯出前所未聞的好幾部般若，大大超越當時佛教界有關般若部類的知見範圍，而使學人震驚於這部大經，文義廣博，可知《大般若經》實為諸部般若總集大成的經典。

第五百七十二卷之真義

《大般若經》第六會為卷五百六十六至卷五百七十三，有八卷，共十七品。本會說於鷲峰山，乃佛對最勝天王說般若及其修習之法。《開元釋教錄》記其梵本共有二千五百頌，月婆首那《勝天王般若波羅蜜經》七卷為其同本。

其中卷五百七十二全卷，是十七品中的第十一至第十四品，分別是「顯德品」、「現化品」、「陀羅尼品」、「勸誡品」。內容簡述如下：

「顯德品第十一」為佛陀答覆曼殊室利菩薩，過去久遠劫前多聞如來答覆精進力菩薩，也就是現在在座的最勝天王的提問來回答，並說明何謂護持正法，以及如何調伏心等問題。

「現化品第十二」為最勝天王答覆善思菩薩的提問，解答佛的化身，能化作無數無量的化佛，是因為諸佛在成佛前所發的願力清淨之故。也答覆何人能護持正法，有賢德天子也在此加入討論。

「陀羅尼品第十三」為曼殊室利菩薩及寂靜慧菩薩共同討論，菩薩得到如是眾法不入陀羅尼門，則成就無量無邊功德，致使大地諸山皆振動，天上下起了花雨。佛陀也說了過去寶月佛的時候，有一位寶功德菩薩，擁有大辯才，這位菩薩也就是現在的寂靜慧菩薩。

「勸誡品第十四」為曼殊室利菩薩請問佛陀，聽聞如是甚深般若經典，能啟信受持而不毀謗，可成就何等功德？佛陀答覆所致功德不可稱計，諸多殊勝善法皆從般若生，並以四大部洲的眾生為例說明。

「天壤間的孤本祕籍」——趙城金藏

本書講述的第五百七十二卷出自「趙城金藏」，為國家圖書館國寶級珍藏善本古籍，此卷每版前以小字刻經名、卷次、紙張次及千字文珍字號。

金熙宗皇統九年（一一四九年）在山西解州天寧寺內，成立開雕《大藏經》版會主持募刻，迄於金世宗大定十三年（一一七三年）雕成，此為中國現存最早最完整的民間募資刻印佛藏，全世界僅此一部，被譽為「天壤間的孤本祕籍」。民國二十三年（一九三四年）在山西省趙城縣（今山西省洪洞縣）發現，故稱為「趙城金藏」，現大部分藏於中國國家圖書館。

金藏復刻自中國第一部官方刊印《大藏經》——北宋「開寶藏」。因「開寶藏」及其他復刻本失傳，「趙城金藏」就成為「開寶藏」復刻本中的孤本，雕版精良、校讎仔細，是中國雕版佛經印刷史上相當珍貴的版本。裝幀為卷軸裝，以千字文編排次第，自「天」字號至「幾」字號，計六百八十二帙，每帙約十卷，或略有增減。在刻經史、版本史、校勘學、目錄學等方面都具有無可比擬的文化價值。

金藏募資發起人為潞州（今山西省長治縣）信徒崔法珍，相傳她毅然斷臂募緣刻經，感動許多佛教徒，紛紛捐資協助。金藏刻成後，崔法珍於金朝大定十八年（一一七八年）將印本送到燕京，受到金世宗的重視，在聖安寺設壇為崔法珍授比丘尼戒。三年後，崔法珍又將經版送到中都（北京）刷印流通，總計約七千卷。為表彰她的功績，大定二十三年（一一八三年），崔法珍被賜紫衣，並受封為「宏教大師」。

般若系經典的思考特質

智慧超越知識

佛陀透過三大阿僧祇劫的如法修行，圓證了盡虛空遍法界的真理現象，佛陀將所依的真理法則，回頭來教化我們，其最核心的就是般若智慧。因此般若是通達真理的智慧，與世間的一般知識不同，我們限於生活經驗，都從現象獲取知識，然而現象已是一種果報，由形成果報之前的眾多因緣和合而成的；也因為透過深究因緣，大乘佛法中的般若系與唯識系提供了最為明確而精密的指導。

般若系與唯識系

我們因為依據比賽規則，而看懂球賽千變萬化的各種現象、結果。般若系重視法性空慧的因緣法則，如同裁判依據球賽中適用於全世界各個國家的比賽規則；唯識系則重視諸法現象，如同伶牙俐齒、口條清晰、經驗豐富的播報員，即時臨場報導球員當下動態瞬息萬變的比賽現況。因此，我們若是理解宇宙人生的遊戲規則，就看得懂人生百態，般若系

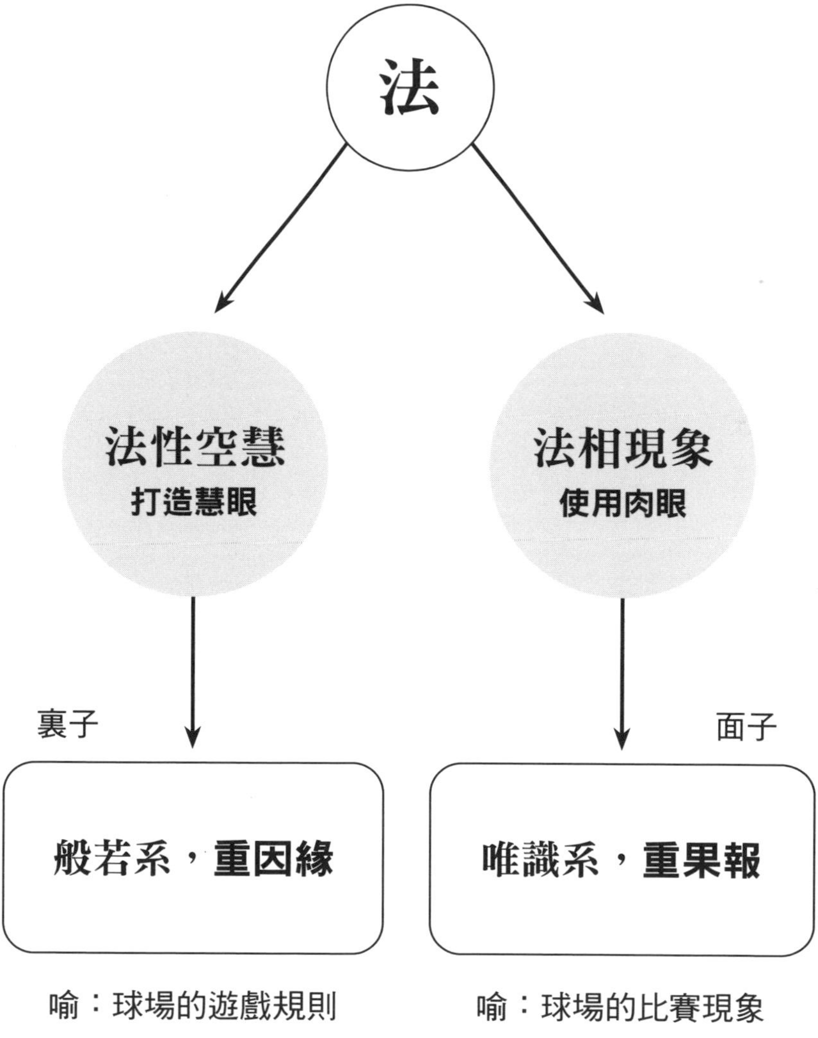
法
法性空慧
打造慧眼
法相現象
使用肉眼
裏子
面子
般若系，重因緣
唯識系，重果報
喻：球場的遊戲規則
喻：球場的比賽現象

重視因緣的真理法則，透過「性空」的因緣法而通徹一切；唯識系則擅於描述「相有」的各種不同現象，因而詳實細密。

放下自性妄執

般若系經典難在深觀一切現象的內在因緣，而凡夫有生以來的「自性」妄執，總妄執具有單一、不變、實有性的因緣本體，因此常有「打破砂鍋問到底，還問破鍋在哪裡」的習慣，然而「自性」妄執，正是令有情眾生淪為凡夫、輪迴生死的關鍵，為了破除有情的自性妄執，常以否定式符號來表達甚深的因緣法，以「性空」為代表，其實「不、無、空、非」等符號亦復如是，透過放下自性妄執，離相、泯相、乃至滅相現前，也是「苦集滅道」四聖諦的滅諦，即是超凡入聖的聖者境界，這是超越世間的真理現象，也就是「諸法實相」。透過否定自性的三種特殊性，其實是展現「平等性」，「涅槃」之所以寂靜，正因為平等而寂靜。

般若：緣起性空

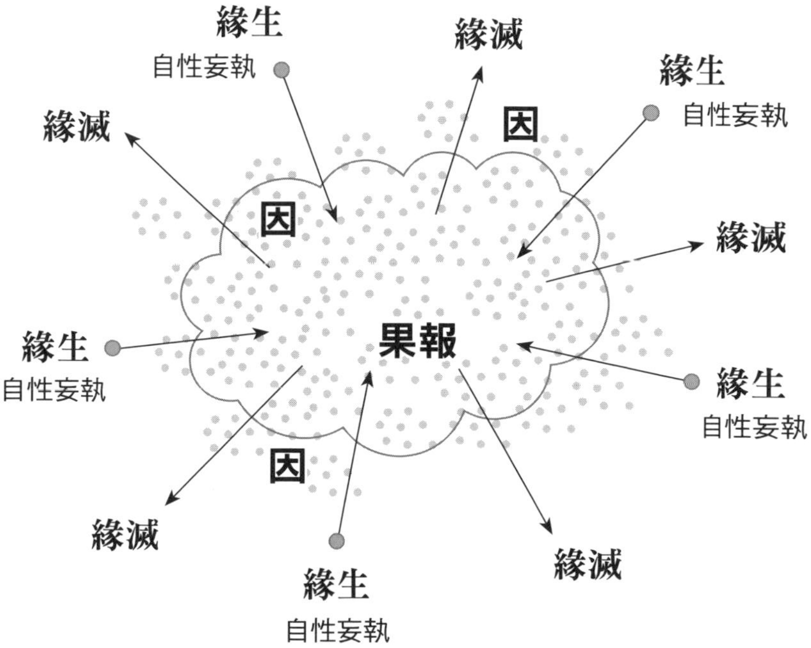

緣生＋緣滅＝
- 緣起：（**果報**）
- 性空：（**因緣**）否定
  - 單一性
  - 不變性
  - 實有、主宰性

  ＝平等性

依據一實相印：性空

菩薩隨順因緣，恆順眾生，很重要的就是悟證「性空」的真理；若要了解性空，須從這三方面來理解：

1. 世間沒有「不變性」的特性：這是「諸行無常」的法印，一切法沒有恆常不變性，一切現象都是無常變化的。
2. 世間沒有「獨存性」的特性：一切事物都是因緣假合，小至微塵，大至宇宙，都是沒有獨存性的因緣，這是「諸法無我」的法印。
3. 世間也沒有「實有、主宰性」的特性：常人總以為世間事物有它的實在性，對有情眾生則是「主宰性」，這都是一種錯覺，確實地推求起來，實在、主宰性是不可得的，因而放下因緣的實在性，這是「涅槃寂靜」的法印。

「緣起性空」就是從否定「不變性」、「獨存性」、「實有性」說即是空，空就是超越

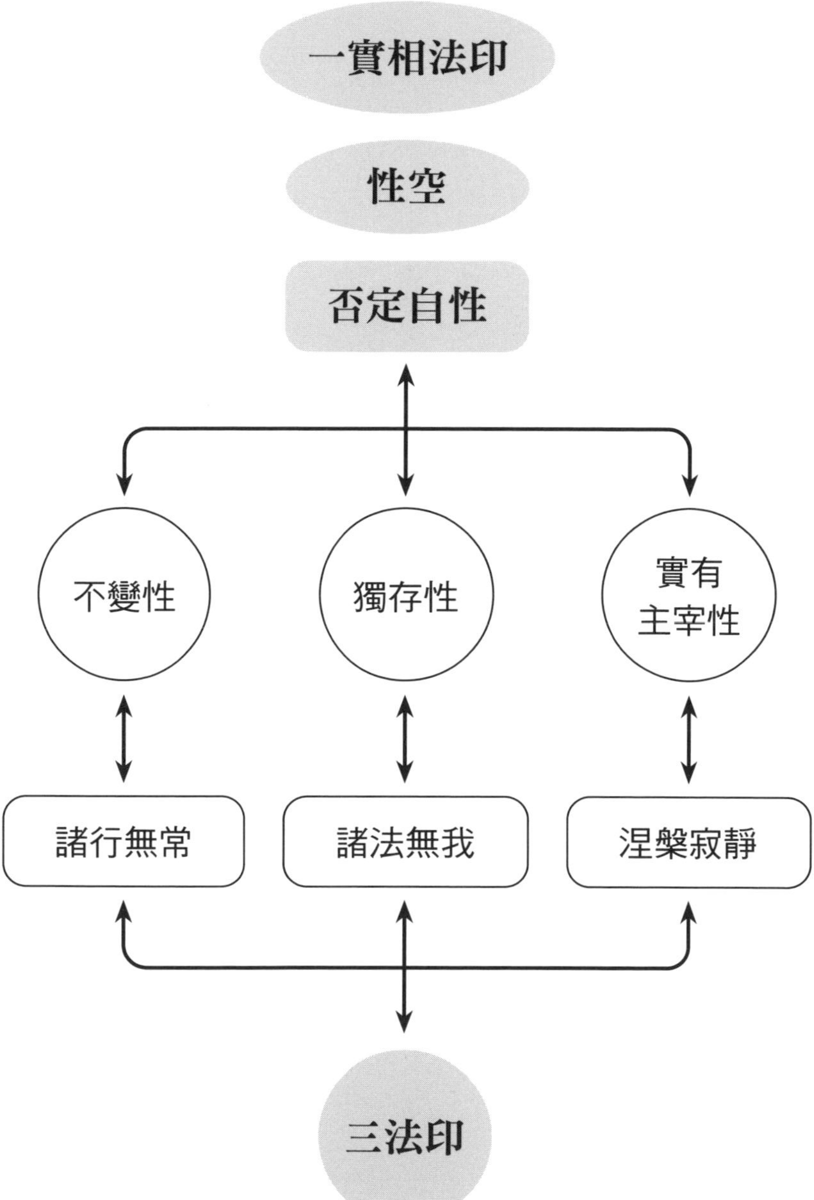
一實相法印
性空
否定自性
不變性
獨存性
實有
主宰性
諸行無常
諸法無我
涅槃寂靜
三法印

相對，透過否定式的符號，表達甚深因緣法的特性。

透過法性空慧而達諸法實相

「性空」是因緣法的特質，就是否定因緣具有「單一、不變、實有」的特殊性，因此顯出因緣具有「平等性」，所以因緣可以任我們自由排列組合；又因為凡夫的「自性」妄執，而組合出我們各個不同的、不平等的個體現象，雖然現象從肉眼來看是有差別的不平等現象，源於自性妄執而緣生出不同的現象，但並不穩固，隨後自性妄執的力量減弱、消失，而又呈現出緣滅的現象，「緣起」即是透過般若觀察現象，而理解到一切法不過就是「緣生」＋「緣滅」的過程罷了。般若最精要的說法，即是「緣起性空」，先從文字般若的理解，再觀照到生活經驗的驗證，這是文字般若與觀照般若的交相運用，相互增上，越是能放下「自性」妄執，修行果位就越向上提升，而直達於實相般若，也即是證得「諸法實相」的現前，就是現證聖者的境界。

諸法實相乃聖者的涅槃寂靜

「涅槃」是真理現象的現前，乃是「諸法實相」，「諸法實相」讓我們足以解脫生死；透過「性空」，解脫凡夫對「相有」的顛倒無明，達於「相空」的聖者境界。凡夫超越了生死輪迴的束縛，達於生死解脫的聖者境界關鍵，只不過又因為眾生的根機差異而有分別。心量較小者，透過智慧只求個人生死解脫，以聲聞、緣覺乘走上解脫道；而心量大者，則不僅有超越世間的智慧，更有世入的慈悲心，走上悲智雙運的菩薩道，而成就福慧具足的佛果。因此般若是三乘共法，亦即「三乘同坐解脫床」。

涅槃本質的量化

般若是真理智慧的通徹，難在於否定的思考模式，所謂修行是思想觀念的一種修正與革新，能夠超越世間而更能打造慧眼，成就法眼，菩薩道的「六度萬行，五度如盲，般若為導」，布施、持戒、忍辱、精進、禪定，若無般若引導，不過是世間的福業，但是因為般若的指引，即可成就生生世世的菩薩道業，乃至於圓滿成佛。

凡夫的顛倒有二

我們凡夫習慣從「相有」思考，容易執著於「相有」的差別生起種種情緒，因為不斷的計較分別而起煩惱，所以難以自在，這就是我們凡夫所起「相有」——而「有二」的差別相，也因為「有二」而起顛倒煩惱的。例如有生有滅，有垢有淨，有增有滅，這是我們凡夫的生活經驗，不消太多的解釋，而且這當中生起我們情緒上的愛憎，比方在正常狀況下，我們喜歡生，不喜歡滅，所以某人生小孩，某人生日，都是用「慶生」的方式；但是如果某人入滅，也就是死亡，或者稱往生，舉行告別式，大家都懷著哀傷的心情前往，有沒有情執的成分呢？必然有的。我們凡夫就是情執於現象，面對著變化萬千，瞬息萬變的現象，凡夫的情緒如何能平靜得了？但若是解脫的聖者，情緒則是穩定的，因為體證得諸法實相，那是平等平等之相，涅槃的真理現象為何是寂靜呢？就因為平等而寂靜。所以諸法實相乃諸法空相，不是空空如也，空無一物之相，而是平等平等之相！

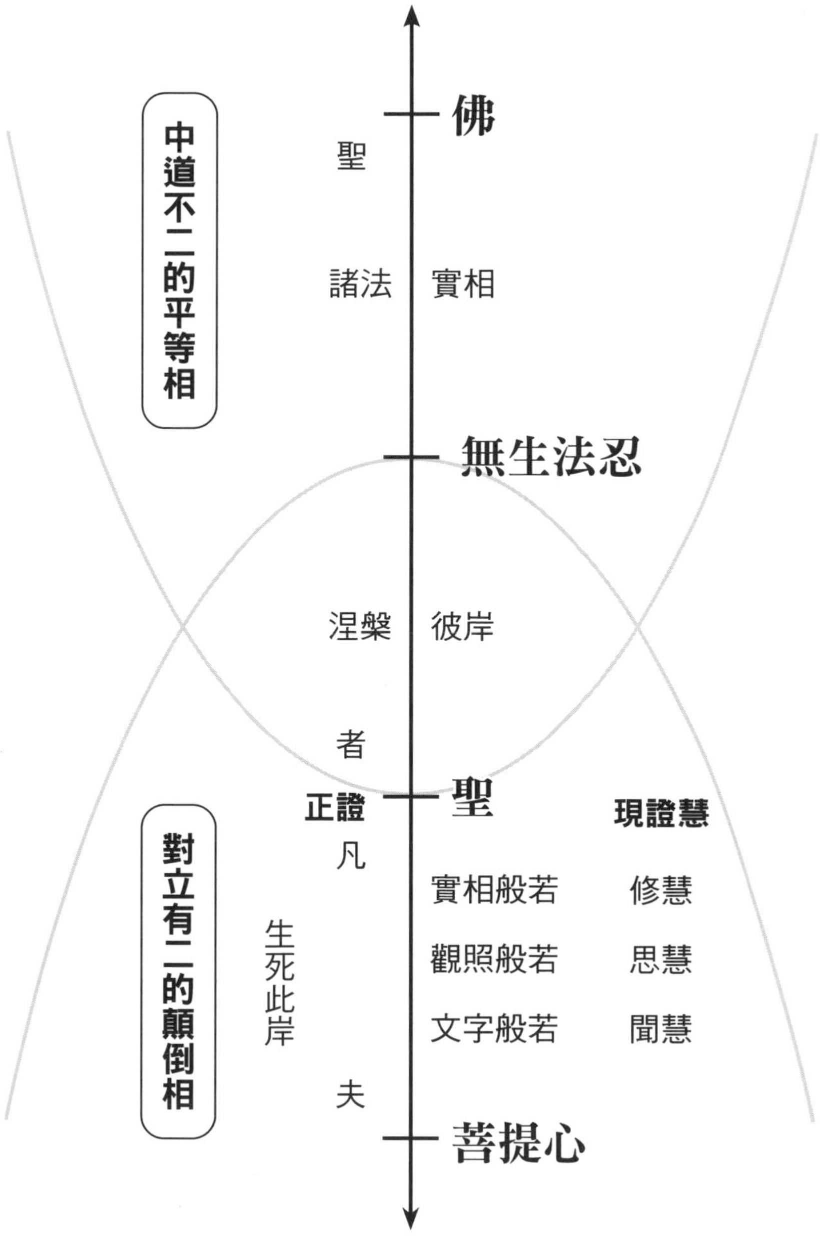
佛
中道不二的平等相
聖
諸法
實相
無生法忍
涅槃
彼岸
者
聖
正證
現證慧
凡
實相般若
修慧
生死此岸
觀照般若
思慧
文字般若
聞慧
對立有二的顛倒相
夫
菩提心

聖者的中道不二

從凡夫世俗的「相有」，相是有差別的，但深觀因緣法性是平等的，才能從不平等，各別執著於對立二相差別的「有二」，透過「性空」打破對立二邊的現象，讓兩者之間交流、溝通起來，其實兩者的因緣都是平等平等的，就是兩者的空性，也是因緣法的平等性，讓我們放下自性妄執，進而達於「不二」的平等相現前。「有二」是凡夫的顛倒相，而「不二」正是聖者透過聞慧、思慧、修慧而證得的諸法實相。

無為法就是諸法實相，就是真理的現象，這並不是佛陀所造作的，也非餘人能造作的，反而是由於放下刻意的造作，也就是放下自性妄執的造作，才有機會從凡夫的有為法，透過性空達於聖者無為法的境界。不再有相對二邊的干擾，不再落於不平等的相對情緒，因為不落二邊，故稱為中道，完整地說「中道不二」。

超凡入聖

凡夫，認識到與生俱來帶著的自性妄執，而執著於生活的現象，困於相對的二邊，經常起顛倒煩惱，乃至生死輪迴不已；若能將凡夫染著的習性，轉化成發起「上求佛道，下化眾生」的菩提心，首要從第六識的「轉迷啟悟」著手，在「相有」的當下，了解當下即是「性空」，也就是「融相即性」觀，透過「性空」深觀因緣法的空性，也就是平等性，破除「自性」妄執，逐漸地擺平我們忿忿不平的心，再進一步，觀照我們情執於「顛倒有二」——對立的二邊，情緒起伏躁動不安，佛陀教導我們「以智導情」，就是對立的二邊皆是性空，充滿平等性，而達於不落二邊的「中道不二」：聖者「不生不滅、不垢不淨、不增不減」的境界。因此般若經典當中必然充滿否定式的符號，否定式符號的出現，都是要我們深觀因緣的空性、平等性，放下「自性」妄執，而向上提升修行的果位，果位越高，就越見到平等平等的現象，內心就越是平等寂靜而自在，這就是修行的工夫！

第五百七十二卷：

顯德品、現化品、陀羅尼品、勸誡品註釋與譯文

第六分顯德品第十一

爾時，曼殊室利菩薩摩訶薩[1]從座而起，頂禮佛足，偏覆左肩，右膝著地，合掌恭敬白言：「世尊！諸菩薩摩訶薩經幾劫數[2]行深般若波羅蜜多，供養幾佛[3]，而能對揚如來所說甚深般若[4]波羅蜜多[5]如最勝天王者？」

註釋

1. 菩薩摩訶薩：菩薩是發菩提心的有情眾生，經過三大阿僧祇劫的菩薩道而圓滿成佛；第一大阿僧祇劫為初發心的凡夫菩薩，第二大阿僧祇劫為登地以上的聖賢菩薩，第三大阿僧祇劫為八地至十地的菩薩摩訶薩，再經過等覺、妙覺而圓滿成佛，故而又稱大士菩薩。摩訶，大也。

2. 劫數：人類壽數，從十歲每經百年增加一歲，增加到八萬四千歲，為一增劫，再由八萬四千歲每經百年減一歲，減到十歲，為一減劫，增劫加減劫為一劫，大約一千六百八十萬年。劫數為一千六百八十萬年的倍數。

3. 幾佛：從一位佛到下一位成佛者的時間約為無量劫數。

4. 般若：緣起性空，由緣起的緣生緣滅看果報的相有，性空即是從甚深因緣，否定單一、不變、實有主宰的特殊性，因此因緣是平等性，由平等性達於平等相現前，即是諸法實相。

5. 波羅蜜多：完成從有生死的凡夫此岸，過渡到聖者解脫生死的涅槃彼岸。

譯文

佛陀說般若波羅蜜法會的當時，曼殊室利大士菩薩，於大眾中從座位上站起來，以至尊的頭頂禮佛陀的雙足，左肩覆蓋袈裟，右肩裸露，右膝著地，以最恭敬的禮儀，雙手合掌，虔誠地請示佛陀：「世尊！諸位大士菩薩要歷經多少劫的數量時間，受持與實踐甚深微妙的般若波羅蜜多法，又要經過供養多少尊佛陀，才能如同最勝天王，能自在無礙地弘揚如來所說甚深的般若波羅蜜多因緣法呢？」

佛告曼殊室利菩薩摩訶薩言：「善男子！如此之事不可思議，若非無量百千大劫修集眾行種諸善根，則不得聞甚深般若波羅蜜多功德名字。善男子！十方各如殑伽沙界[1]，其中所有諸殑伽沙尚可知數，是菩薩摩訶薩行深般若波羅蜜多，所經劫數、供養幾佛俱不可知。

註釋

1. 殑伽沙界：恆河沙界。

譯文

佛陀告訴曼殊室利大士菩薩說：「善男子！這樣的事情是不可思議的，發菩提心，深信因果，讀誦大乘，勸進行者的善男子啊！如果不是經過無量無數百千大劫的修行，集合眾多善行，種下諸多善根的人，是沒有辦法聽聞到如此甚深般若波羅蜜多的功德名字。良善的男子！十方各個如恆河沙等世界，其中所有諸恆河沙還可以知數，此大士菩薩所行如此甚深廣博的般若波羅蜜多，所經過久遠的劫數、到底供養了多少尊佛陀，是完全無法知曉的。

「善男子！過去無量無數無邊難思議劫，有佛出世名曰多聞，十號[1]具足，劫名增上，國名日光。多聞如來為諸菩薩摩訶薩說清淨法門言：『善男子！汝應精勤修諸善法，勿顧身命。』

註釋

1. 十號：如來、應供、正遍知、善逝、世間解、無上士、調御丈夫、天人師、佛、世尊，此十號等同佛陀的名號。

譯文

「受三皈五戒、修學十善法的善男子！過去無量、無數、無邊不可思議的劫數當中，有一尊佛陀出世，他的名號為『多聞如來』，乃至具足佛陀的十個名號，他的劫名為『增上劫』，國名為『日光世界』；也就是說過去無量、無數、無邊不可思議的『增上劫』前，有位『日光世界』的教主『多聞如來』。多聞如來為諸多大士菩薩說清淨法門：『善男子！您們應當奮不顧身命地精進勤修學習諸種善法。』

「時，彼會中有一菩薩名為精進力，即從座起頂禮佛足，偏覆左肩，右膝著地，合掌恭敬而白佛言：『世尊所說：汝應精勤修諸善法，勿顧身命。如我解佛所說義者，諸菩薩摩訶薩宜應懈怠不修善法，乃能速證無上菩提。所以者何？若諸菩薩勤修眾善，是則不能久住生死利樂有情；然諸菩薩行深般若波羅蜜多，伏斷煩惱久住生死，終不自為速證涅槃，但為利樂諸有情故。菩薩以處生死為樂，不以涅槃[1]而為樂也！何以故？諸菩薩摩訶薩以化有情而為樂故。謂隨所樂方便善巧，說授法門令得安樂；若勤修善便速盡漏[2]，不能利樂一切有情。是故菩薩觀察生死多諸苦惱，起大悲心不捨有情成就本願。』

註釋

1. 涅槃：解脫生死輪迴之苦，達於聖者諸法實相的境界。
2. 盡漏：從凡夫雜染的有漏，達於聖者清淨的無漏，脫離生死輪迴。

譯文

「當時的法會中，有一位名號為精進力菩薩，就從座位站起來，頂禮佛陀雙足，左肩覆蓋袈裟，右膝跪地，合掌恭敬地向佛陀請法：『世尊所說：您們應當精進勤修學習諸多善法，奮不顧身。若以我的了解，佛所說的甚深法義是：所有菩薩摩訶薩於不修習善法懈怠，不急求解脫，即能迅速證得無上菩提。為什麼這麼說呢？因為如果所有的菩薩精勤進修學習眾善，就不能長久住於生死輪迴當中來利樂有情眾生了；然而所有菩薩修行深廣的般若波羅蜜多法，都是為了降伏與斷滅煩惱而久住於生死輪迴，終究不是為了自己而速證涅槃，卻是為了利樂諸有情的緣故。諸菩薩是以處於生死輪迴為一大樂事，不以寂靜涅槃而為欣樂也！這是為什麼呢？因為所有菩薩摩訶薩都以化導有情眾生為樂事的緣故。這就是所謂菩薩隨眾生所好樂而方便善巧，來說法教授清淨法門，以令眾生得安樂；如果精勤修習善法就迅速漏盡而清淨無著，就不能利樂一切有情眾生。所以菩薩從思惟觀察生死多諸苦惱中，生起大悲心而不捨棄有情眾生，來成就他的菩薩本願。』

「『世尊！諸菩薩摩訶薩具方便力久住生死，得見無量無邊如來，聽受無量無邊正法，化導無量無邊有情，是故菩薩為如是事不厭生死、不樂涅槃[1]。世尊！諸菩薩摩訶薩若觀生死而起厭怖、欣樂涅槃則墮非道，不能利樂一切有

情，通達如來甚深境界。云何非道？謂樂聲聞及獨覺地，於有情類無大悲心。所以者何？聲聞、獨覺所行之道，非諸菩薩摩訶薩道。何以故？聲聞、獨覺厭怖生死、欣樂涅槃[2]，不能具足福德智慧，以是義故非菩薩道。』

註釋

1. 不厭生死、不樂涅槃：菩薩不急於解脫生死，因為一旦解脫生死即脫離眾生，脫離眾生即不名為菩薩，菩薩深觀因緣的平等性，擅以不落相對二邊的「中道不二」而修行。
2. 厭怖生死、欣樂涅槃：聲聞與獨覺不同於菩薩對生死解脫的觀照，易落於對立二邊的相有，感受生命無常，生死苦迫，因而厭離、恐怖生死，急於了脫生死，欣樂於生死解脫的涅槃境界。

譯文

「『世尊！所有大士菩薩具備方便善巧的能力，長久安住生死輪迴當中，得以遇見無量無邊的佛陀，聽受無量無邊的正法，化導無量無邊的有情眾生，所以說菩薩為了饒益眾生的大事，而不厭離生死、也不欣樂涅槃。世尊！所有大士菩薩如果思惟觀察生死輪迴，生起厭離與畏怖的心、而欣樂入涅槃，就會墮入非佛道中，而不行菩薩道，則不能利樂一切有情眾生，通達如來的甚深境界。什麼是非佛道？就是欣樂聲聞及獨覺果地，對於有情眾生沒有大悲心。為什麼這麼說呢？因為聲聞、獨覺所修行之道，並不是菩薩摩訶薩所修行之道。為什麼呢？因為聲聞、獨覺厭離怖畏生死流轉、欣樂入涅槃，而不能具足福德因緣與智慧資糧，所以這樣並非行菩薩道。』

「時，多聞佛即便讚歎精進力言：『善哉！善哉！如汝所說。諸菩薩摩訶薩應修自行，勿習非道。』時，精進力白言：『世尊！何謂菩薩自所行道？』

譯文

「這時，多聞如來聽完精進力菩薩的一番話後，大大地讚歎精進力菩薩說：『真好！真好！說得好，就如您所說。所有菩薩摩訶薩都應該修行自己所要走的道路，不可修習非道，非佛道、非菩薩道。』同時，精進力菩薩，又請教多聞佛：『世尊！什麼是菩薩自己所要修行的道路呢？』

「多聞佛言：『菩薩成就一切福慧，以大悲力不捨有情，遠離聲聞及獨覺地，得無生忍[1]不捨三界，無所希望生長善根，方便善巧修行一切波羅蜜多，以智慧力無分別心[2]生長善根，成就盡智無量功德；雖知諸法無一可生[3]，而方便現生；雖知有情無一實有[4]，而方便化導，知一切法皆離自性[5]；觀諸佛土猶如虛空，而能巧便嚴淨佛土；知一切佛法身無像，方便示現相好莊嚴；隨諸有情心所好樂，即能方便而授與之。菩薩身心雖常寂靜[6]，而說諸法化導有情，亦以巧便遠離喧雜，修諸寂定知自性空，悉能通達甚深智慧[7]，能以方便為他說法，不證聲聞、獨覺乘果，勤求如來所證解脫，不捨菩薩一切道行。善男子！是名菩薩自所行道[8]。』

註釋

1. 無生法忍：圓滿了聖賢菩薩果位行者，已經具足解脫生死的無生智慧，卻因為慈悲心不忍自我解脫生死，願意為利濟眾生而法忍，悠遊自在於因緣法海，亦即生死即涅槃。

2. 無分別心：菩薩以般若智慧，透過緣起性空的觀照，性空即平等性，以無分別心，而達於聖者的境界，諸法實相即平等相的現前。

3. 諸法無一可生：諸法因緣不具有單一、不變、實有主宰的自性，諸法相有亦是由眾因緣和合而生，沒有單一、不變的法相可生。

4. 有情無一實有：有情眾生如幻如化，沒有任何一個有情是實有、不變的。

5. 一切法皆離自性：一切諸法都是緣起性空的，性空即不具有單一、不變、實有主宰的自性，亦是離自性的。

6. 寂靜：聖者證得的涅槃是寂靜的，因為因緣充滿平等性而寂靜，大不同於凡夫因為著相有而忿忿不平，躁動不安。

7. 甚深智慧：凡夫淺觀果報的表象，若能依佛陀教導的智慧，即深觀因緣的無自性、性空，能夠觀因緣的平等性，乃是甚深智慧。

8. 自所行道：菩薩所行的是六度萬行，五度如盲，般若為導，透過法性空慧、中道不二而通徹一切，達於成佛的圓滿境界，不同於聲聞、獨覺所行所證之道。

譯文

「多聞如來回答精進力菩薩所問：『菩薩就是成就一切福德因緣智慧資糧，因為大悲力而不捨離有情眾生，而遠離聲聞及獨覺果地，得無生法忍而不捨離三界，並非只希望於生長善根，只想方便善巧來修行一切波羅蜜多，用智慧力、無分別心，生長善根，成就極盡智慧的無量功德；雖然知道諸法是緣生、緣滅的，沒有一個可以不變的法相可生，而以方便善巧現出法相，其實法相都是如幻如化的；雖然知道沒有任何一位有情眾生是實有不變的，而以方便權巧來勸化教導有情眾生，知曉一切法都是不具有自性的，自性是妄執出來的；思惟觀察諸佛國土猶如虛空一般，而能夠善巧方便地莊嚴清淨佛土；知曉一切佛陀的法身是無相而盡虛空界，卻以方便善巧而示現相好莊嚴；隨順諸有情眾生心之所喜好與安樂，能善巧方便而教授引導。菩薩身心雖常居於寂靜之處，而宣說諸法以化導有情眾生，也以權巧方便遠離喧鬧吵雜，修行諸寂靜禪定，知曉自性空之法義，完全通達甚深智慧，能以方便善巧為他人說法，不證得聲聞、獨覺乘果位，而精進勤求如來所證的究竟解脫，不捨離菩薩所有的一切道行。良善的男子！這就是菩薩自己所要修行的道路，也就是自所行道。』

「曼殊室利！時，精進力從彼如來聞說菩薩所行境界，得未曾有，尋即復白多聞佛言：『希有！世尊！如我解佛所說義者，菩薩具足方便善巧，觀一切法無非是道。譬如虛空含容眾色，如是菩薩具大方便，所行之道攝一切法。又如虛空，一切草木、花果、香樹因之生長，如是諸物於虛空界不能染淨、不令瞋喜，如是菩薩具大方便甚深般若波羅蜜多，觀一切法皆悉是道，謂異生法、若聲聞法、若獨覺法、若菩薩法、若如來法。何以故？是諸菩薩所通達故。』

譯文

「曼殊室利啊！這時，精進力菩薩從多聞如來，所聽聞菩薩所行持的境界，自覺從未曾聽聞過，隨即再度請示多聞佛，說：『真是希有啊！世尊！如果我了解佛陀所說義理的話，菩薩應當具足方便善巧，審觀一切法無非是真理法則。譬如虛空包含容納著諸多物質的存在，就像是菩薩具足大方便，所修行及受持之道是含攝著所有的一切法。又譬如虛空，一切草木、花果、香樹都因虛空而生長，就像萬物於虛空界中不能染淨、也不令生瞋喜心，就像菩薩具有大善巧方便的甚深般若波羅蜜多，審觀一切法都是真理道路：所謂凡夫法、聲聞法、獨覺法、菩薩法、如來法。為什麼呢？這些都是諸位菩薩所通達道路的緣故。』

「『譬如大火若遇草木必無退還，是諸草木皆順益火發其光明，如是諸法無不皆順菩薩道，故名菩薩道。譬如金剛自體堅密，刀不能斫，火不能燒，水不能爛，毒不能損，如是菩薩方便智慧，獨覺、聲聞及諸外道一切煩惱所不能壞。如水清珠能清濁水，如是菩薩甚深般若波羅蜜多，能使有情一切煩惱悉得清淨。譬如良藥、妙寶神珠，毒不共居能消眾毒，如是菩薩行深般若波羅蜜多方便善巧，不與一切煩惱共居，而能斷滅一切煩惱。以是因緣，所有諸法皆是菩薩摩訶薩道。』

譯文

「『譬如，大火如果遇到草木必定無有還原的道理，因為諸草木皆順著本性且助益於火而引發其光明，就像所有諸法無不都隨順於菩薩道，所以名為菩薩道。譬如，金剛本身的自體堅硬細密，刀不能斫擊，火不能燒毀，水不能使之潰爛，毒不能損傷，就像菩薩的方便善巧力與智慧力，是獨覺、聲聞二乘及眾外道等一切煩惱所不能毀壞。就像清淨的水珠，能澄清濁水而達於清淨，菩薩行持甚深般若波羅蜜多，也能使有情眾生一切煩惱都能消除而清淨。譬如良藥、妙寶神珠，毒不共居共處，卻能消除眾毒，就像菩薩行深廣般若波羅蜜多的方便善巧，不和一切煩惱共居共處，卻能斷絕消滅一切煩惱。以這樣的因緣，所有一切諸法都是大士菩薩修行受持的道路。』

「曼殊室利！彼精進力說是法時，八千菩薩俱發無上正等覺心，二百菩薩得無生忍。曼殊室利！彼精進力即是今者最勝天王。」爾時，曼殊室利菩薩復白佛言：「世尊！云何諸菩薩摩訶薩行深般若波羅蜜多，得堅固力[1]護持正法？」

註釋

1. 堅固力：所有一切相有，皆是因緣和合而生，因緣離散而滅，充滿無常現象而不堅固。唯有既深且細的因緣法，無形無相，充滿平等性，如此的法性空慧，才是真正堅固而無法摧毀破壞。

譯文

「曼殊室利啊！當精進力菩薩宣說這樣的法門時，八千菩薩全部都發起無上正遍等正覺的心，其中二百菩薩證得無生法忍。曼殊室利！那位精進力菩薩，就是今天的這位最勝天王。」就在這個時候，曼殊室利菩薩再度請示佛陀，說：「世尊！請問諸位大士菩薩，是如何修行既深且廣的般若波羅蜜多，得以堅固信願力來護持正法呢？」

佛告曼殊室利菩薩言：「善男子！若菩薩摩訶薩寧棄身命不捨正法，於他謙下不起憍慢，卑賤恥辱其心能忍，飢渴有情施好飲食，在危難者能施無畏，於諸疾病如法療治，貧匱有情令豐財寶，諸佛靈廟修建嚴飾，惡事掩遏善事光揚，憂苦有情則施安樂，是菩薩摩訶薩行深般若波羅蜜多，得堅固力護持正法。」

譯文

佛陀答覆曼殊室利菩薩說：「善男子！如果菩薩摩訶薩寧願捨棄自己的身命也不捨棄正法；對待他人謙卑低下，不生起憍慢心；當受到卑賤與恥辱，他的心也能忍受；對於飢渴的有情眾生，便施予美好的飲食；對於有危難的人，能施予力量令他們無所畏懼；對於染諸種疾病的患者，能正確地加以療理救治；對於貧匱的有情眾生，能令他們財寶豐足，好於修建嚴飾諸佛塔寺，掩遏惡事令其消失，光揚善事令之增長；對於憂苦有情眾生，則布施以安樂，這就是大士菩薩行甚深廣大的般若波羅蜜多，所獲得的堅固信願與智慧力，用來護持正法。」

曼殊室利復白佛言：「世尊！云何諸菩薩摩訶薩行深般若波羅蜜多能調伏心[1]？」佛告曼殊室利菩薩言：「善男子！若菩薩摩訶薩行深般若波羅蜜多，不預他事先思後行，心性調直離諂曲行，不自矜高意常柔軟，是菩薩摩訶薩能調伏心。」

註釋

1. 調伏：因為理解性空而無所住、無所求，即是應無所住而調伏其心，我們經常有所住著於果報的追求，如此反而易生起煩惱。其實所有果報都是因緣成熟才會現前，不是執著來的，不是追求來的，若善因善緣成熟，福報自然現前，所以只管耕耘善因緣，成熟了福報自然來，因此以「只問耕耘、不問收穫」的心來作調伏。

譯文

曼殊室利菩薩再度請教佛陀說：「世尊！請問諸位菩薩摩訶薩修行甚深的般若波羅蜜多，如何能夠調伏煩惱心呢？」佛陀答覆曼殊室利菩薩說：「良善的男子！菩薩摩訶薩修行甚深的般若波羅蜜多，不會預先審度算計他人的事，也不會遇到事情就思前想後，先思惟而後決定行與否，其實菩薩念念向道，心性調暢正直而遠離諂曲的行為，不會自我貢高我慢，心意經常是柔軟的，菩薩摩訶薩就是這樣才能調伏自己的煩惱心。」

曼殊室利復白佛言：「若菩薩摩訶薩行深般若波羅蜜多能調伏心，當生何趣？」佛告曼殊室利菩薩言：「善男子！若菩薩摩訶薩行深般若波羅蜜多能調伏心，或生天上，或生人中；若生天上，則為帝釋，或作梵王堪忍界主；若生人趣，作轉輪王，或作餘王、長者、居士。天上、人中常得值佛，是菩薩摩訶薩行深般若波羅蜜多能調伏心，生如是趣。」

譯文

曼殊室利再次請問佛陀說：「如果菩薩摩訶薩修行甚深的般若波羅蜜多能調伏煩惱心，當生於何所歸向、何所趣處呢？」佛陀回覆曼殊室利菩薩說：「良善的男子！如果菩薩摩訶薩修行甚深的般若波羅蜜多而能調伏煩惱心，或是生於天上，或生在人間；如果生於天上，則為帝釋天王、或者作梵王堪忍世界的天主；如果生在人間，則作轉輪聖王，或作其餘的聖王、長者、居士。無論生在天上或人間，都能常得值遇佛陀，如果菩薩摩訶薩修行甚深的般若波羅蜜多，能調伏煩惱心，就能生於這樣的趣處。」

曼殊室利復白佛言：「世尊！正信流出何法？」
佛告曼殊室利菩薩：「正信流出得真善友。」
「世尊！多聞流出何法？」佛言：「多聞流出妙慧。」
「世尊！布施流出何法？」佛言：「布施流出大富。」
「世尊！淨戒流出何法？」佛言：「淨戒流出善趣[1]。」

註釋

1. 善趣：即善道，也就是人道與天道。

譯文

曼殊室利再次請示佛陀說：「世尊！正直的信行，能流布出什麼法？」
佛告訴曼殊室利菩薩：「正直的信行流布出來的，是得到真正的善知識。」
「世尊！多聽聞正法者，能流布出什麼法？」佛言：「多聽聞正法的人，能流布出殊勝微妙的智慧。」
「世尊！菩薩清淨的布施者，能流出什麼法？」佛言：「菩薩清淨布施的人，能流出大富大貴。」
「世尊！修持淨戒者，能流布出什麼法？」佛言：「修持淨戒的人，能流布良善的歸向與趣處。」

「世尊！安忍流出何法？」佛言：「安忍流出容受一切有情。」
「世尊！精進流出何法？」佛言：「精進流出能辦一切佛法。」
「世尊！靜慮流出何法？」佛言：「靜慮流出遠離一切散動。」
「世尊！般若流出何法？」佛言：「般若流出遠離一切煩惱。」

譯文

「世尊！堅定安忍者，能流布出什麼法？」佛言：「堅定安忍的人，能流布容受一切有情眾生。」
「世尊！勤學精進者，能流布出什麼法？」佛言：「勤學精進的人，能流布成就成辦一切佛法。」

「世尊！禪修靜慮者，能流布出什麼法？」佛言：「禪修靜慮的人，能流布遠離一切散亂與躁動。」

「世尊！般若波羅蜜者，能流布出什麼法？」佛言：「般若波羅蜜的人，能流布遠離一切煩惱。」

「世尊！聽法流出何法？」佛言：「聽法流出遠離一切疑網。」

「世尊！正問流出何法？」佛言：「正問流出於法決定妙智。」

「世尊！居靜流出何法？」佛言：「居靜流出勝定及諸神通。」

「世尊！正修流出何法？」佛言：「正修流出厭道。」

譯文

「世尊！聽經聞法者，能流布出什麼法？」佛言：「聽經聞法的人，能流布遠離一切疑惑迷惘。」

「世尊！正確提問者，能流布出什麼法？」佛言：「正確提問的人，能流布出於法義的決定妙智。」

「世尊！安居寂靜者，能流布出什麼法？」佛言：「安居寂靜的人，能流布出殊勝的禪定及諸種神通。」

「世尊！純正修持者，能流布出什麼法？」佛言：「純正修持的人，能流布出厭離世間的道法。」

「世尊！無常聲流出何法？」佛言：「無常聲流出於境無所攝護。」

「世尊！苦聲流出何法？」佛言：「苦聲流出無生。」

「世尊！無我聲流出何法？」佛言：「無我聲流出滅除我、我所執。」

「世尊！空聲[1]流出何法？」佛言：「空聲流出寂靜。」

註釋

1. 空聲：法性空慧，透過性空，破除自性妄執，而達於涅槃寂靜。

譯文

「世尊！聽聞無常音聲者，能流布出什麼法？」佛言：「聽聞無常音聲的人，能流布出於任何境界都無所攝持與護佑。」

「世尊！聽聞苦難音聲者，能流布出什麼法？」佛言：「聽聞苦難音聲的人，能流布證得無生而成為聖者。」

「世尊！聽聞無我音聲者，能流布出什麼法？」佛言：「聽為無我音聲的人，能流布出滅除我與我所的執著。」

「世尊！聽聞觀空音聲者，能流布出什麼法？」佛言：「聽聞觀空音聲的人，能流布出諸法涅槃寂靜法。」

「世尊！正念流出何法？」佛言：「正念流出聖見。」

「世尊！身心遠離流出何法？」佛言：「身心遠離流出一切妙定神通。」

「世尊！聖道流出何法？」佛言：「聖道流出聖果。」

「世尊！勝解流出何法？」佛言：「勝解流出成就一切解脫。」

「世尊！佛生流出何法？」佛言：「佛生流出一切菩提分法。」

譯文

「世尊！正念明記者，能流布出什麼法？」佛言：「正念明記的人，能流布出聖者正見。」

「世尊！身心遠離世間者，能流布出什麼法？」佛言：「身心遠離世間的人，能流布出一切微妙禪定而獲得神通力。」

「世尊！聖者修道，能流布出什麼法？」佛言：「聖者的修道因緣，能流布出聖者果位。」

「世尊！殊勝的理解者，能流布出什麼法？」佛言：「殊勝理解的人，能流布出成就一切解脫法。」

「世尊！佛陀化現生身，能流傳出什麼法？」佛言：「佛陀化現生身，能流傳出一切協助佛弟子三十七菩提分法。」

爾時，最勝前白佛言：「云何佛生？」佛告最勝：「如發無上正等覺心。」

「世尊！云何而發無上正等覺心？」佛言：「天王！如生大悲。」

「世尊！云何而生大悲？」佛言：「不捨一切有情。」

「世尊！云何不捨有情？」佛言：「應如不捨三寶。」

「世尊！誰能不捨三寶？」佛言：「一切無煩惱者。」

譯文

這時候，最勝天王請問佛陀：「如何成就佛陀化現生身？」佛告訴最勝天王：「如果發起無上正遍等正覺的心，也就是發成佛的大心，就能成就佛果。」

「世尊！如何能夠發起無上正遍等正覺的心？」佛言：「天王！如同生起大悲心，就能發起無上正遍等正覺的心。」

「世尊！如何能夠生起大悲心？」佛言：「不捨一切有情，就能生起大悲心。」

「世尊！如何能夠不捨棄有情？」佛言：「若不捨離三寶，就能不捨棄有情。」

「世尊！有誰能夠不捨三寶？」佛言：「一切無煩惱的人，就能不捨離三寶。」

爾時，最勝便白佛言：「甚奇！世尊！希有！善逝！諸佛祕密甚深微妙，雖說法空、無生、無滅、本來寂靜，而不破壞善惡業果[1]，遠離斷常[2]。世尊！頗有有情聞如是法，不起敬信、生毀謗不？」佛言：「亦有。」

註釋

1. 而不破壞善惡業果：前所言，「法空、無生、無滅、本來寂靜」，皆是法性空慧所達的諸法實相，也就是透過深觀因緣法而達成的境界，當然不破壞善惡業果。

2. 遠離斷常：不落於斷與常的二邊，不斷不常，亦是深觀因緣的空性，打破斷相與常相對立的二邊，生命流轉的死亡如同斷相，並非不變的；生命流轉的出生如同常相，也非不變的，構成生命流轉的生死相有，都是因緣的和合與離散，而因緣充滿平等性，故而不斷不常。

譯文

這時候，最勝天王便稟報佛陀說：「實在奇妙啊！世尊！實在希有難得啊！善逝，圓滿的寂滅者！諸佛法義祕密甚深微妙，雖說甚深因緣法即是法性空慧、生不可得、滅亦不可得、本來就是平等而寂靜的，而能不破壞善惡業果法則，遠離斷見與常見，也是斷見與常見不可得。世尊！還會有有情眾生聽聞這樣的般若佛法，不生起敬信心、而生起毀謗之意的嗎？」佛言：「也有。」

「世尊！如是有情因過去世修行善業得受人身，由近惡友於是深法不能敬信、生毀謗心，則為辜負過去善業。諸佛恩德實為深重，假使有人以己肉血供養諸佛亦不能報。以佛恩故，我等今者增長善根，得大法樂，住大自在，天、人恭敬。世尊！諸菩薩摩訶薩行深般若波羅蜜多，應知佛恩，親近善友，當修佛行證佛菩提。」說是法時，眾中二萬五千菩薩得無生忍，四萬五千諸人、天眾俱發無上正等覺心，一萬二千諸天子眾遠塵離垢生淨法眼。

譯文

「世尊！這樣的有情眾生，因為過去世修行的善業，今世感生人身，卻由於親近諸惡友，對於這樣甚深妙法而不能敬信、尚且生毀謗心，真的是辜負過去善業因緣。諸佛的恩德實在很深重，假使有人以自己的血肉，供養諸佛也無法報答。因為佛陀恩德深重緣故，我等今日應當增長善根，得大法樂，住大自在，得天、人恭敬。世尊！諸位菩薩摩訶薩行持甚深廣大的般若波羅蜜多法，應該知曉佛恩，親近善友，應當修學佛陀行為，以證佛陀無上菩提果。」天王說般若法的時候，大眾中有二萬五千菩薩得無生法忍，四萬五千諸人、天眾，全部發起成佛無上正遍等正覺的心，也就是發成佛的大心，一萬二千諸天子眾等，達於見道位，遠塵離垢，生起清淨法眼。

第六分現化品第十二

爾時，善思菩薩白最勝天王言：「佛所化身更能化不？」最勝答曰：「今對世尊以為明證，佛所化身更能化作殑伽沙數無量化佛，種種色像、神通、說法利樂有情。所以者何？諸佛往昔願力清淨故能如是。」

譯文

這時候，善思菩薩請問最勝天王：「佛陀的化身，能化現更多的化身嗎？」最勝天王回答：「現在我請世尊以為明證，佛的化身是能化作如恆河沙一般無數、無量的化佛，透過種種色像、神通、說法利樂一切有情眾生。怎麼說呢？就因為諸佛在成佛前行菩薩道時所發願力清淨，所以能夠如是化作無數無量的化佛。」

善思菩薩復作是言：「天王善能說甚深法，謂佛往昔願力清淨。唯願天王請佛神力，令深般若波羅蜜多久住世間常無隱滅。」最勝報曰：「善思當知！甚深般若波羅蜜多一切如來常共守護。何以故？文字宣說甚深般若波羅蜜多，如是文字不起、不盡[1]，常無隱滅[2]，其所顯義亦不起盡，常無隱滅，由此諸佛甚深般若波羅蜜多亦無隱滅。何以故？法不生故。若法無生亦則無滅，即是諸佛祕密之教；如是妙理，如來出世若不出世[3]性相湛然[4]，名曰真如，亦名法界，亦名實際。隨順因緣而不違逆，是為正法，其性常住永無隱滅。」

註釋

1. 文字不起、不盡：文字宣說甚深般若波羅蜜多，這是文字般若，但時而透過觀照般若，將現實現象與文字般若對應，文字與觀照兩相運作，逐漸脫離對文字的依賴，若能進入實相般若時，乃絕諸戲論，言語道斷，也就是中道不二的不起、不盡，起為起點，盡為終點，以相有說有起有盡，但實相是不落二邊的不起、不盡。
2. 常無隱滅：也是不落隱與滅二邊，因有而隱，因無而滅。
3. 出世若不出世：如來因大智而不住生死，因大悲而不住涅槃，不落出世與入世二邊，自在無礙。
4. 性相湛然：性空與相有是清楚而明白的。

譯文

善思菩薩接著又說：「天王擅長為眾生說甚深因緣法，所謂佛在成佛前所發清淨願力。希望天王能勸請佛陀神力，得令甚深因緣的般若波羅蜜多法，能夠久住世間，長久不隱藏滅失才是。」最勝天王回答：「善思菩薩！您應當了解這甚深因緣的般若波羅蜜多法，是一切如來長久以來共同守護的。怎麼說呢？如果只是用文字來宣說甚深因緣的般若波羅蜜多，這樣所顯示的文字雖不起作用、然作用不盡，長久不隱藏滅失，而所顯示諸法甚深法義也不起作用、然作用不盡，長久不隱藏滅失，因此諸佛甚深因緣的般若波羅蜜多也不會隱藏滅失。怎麼說呢？諸法實相性空故不生。如此諸法實相無生也就無滅，這就是諸佛祕密之教；這種甚深微妙的道理，不論如來出世、或不出世，法性、法相都是平等清澈如實，稱之為真如，也稱作法界、實際，也就是真理現象。隨順因緣而不違逆因緣法，就是正法，法性空慧常住而永不隱藏滅失。」

善思菩薩復問天王：「更何等人能護正法？」最勝答言：「若不違逆一切法者能護正法。所以者何？不違正理，常無諍論[1]名護正法。」

註釋

1. 常無諍論：諸法實相是中道不二，言語道斷，絕諸戲論。

譯文

善思菩薩接著又請問最勝天王：「那麼是什麼人能護持正法呢？」最勝天王回答：「如果能不違逆一切諸法實相的人，就能護持正法。怎麼說呢？不違背正理，常無諍論，就稱為護持正法。」

善思復問：「云何名為不違正理，常無諍論名護正法？」最勝答曰：「若順文字不違正理，常無諍論名護正法。何以故？世間愚夫皆著諸見，順正理者則常說空，是故世間共興諍論，如是愚夫愛重有法，順正理者於有則輕。世間說有常、樂、我、淨，順正理者說無常、苦、無我、不淨，是故世間共興諍論；諸愚夫類順世間流，順正理者逆世間流，是故世間共興諍論。世間愚夫著蘊、界、處，順正理者都無所著，是故世間共興諍論；順世愚夫不行正理，順正理者與世相違[1]，故常無諍名護正法。」

註釋

1. 順世愚夫不行正理，順正理者與世相違：兩者各執己見，形成對立二邊，終究還是要不落二邊，故常無諍名護正法。

譯文

善思菩薩接著又請問：「如何才能稱之為不違背正理，常無諍論，而被稱為護持正法呢？」最勝天王回答：「若照著文字不違背正理，常無諍論，稱為護持正法。怎麼說呢？世間愚痴的凡夫執著各種見地而說相有，但隨順因緣正理的人則常說緣起性空，因此世間人會共相興起諍論辯解，愚痴的凡夫將起貪愛並看重相有之法，而隨順因緣正理的人則看清世俗緣生的相有。世間執著相有的人，無常計常、苦受計樂、無我計我、不淨計淨，追求常、樂、我、淨理想的相有，然而隨順因緣正理的人，則如實觀心無常、觀受是苦、觀法無我、觀身不淨，因此世間人會興起與之諍論辯解的心；這樣的愚痴凡夫看起來好像隨順世間說法，隨順因緣正理的人如同違逆世間說法，所以世間人興起了諍論辯解。世間的愚痴凡夫執著世間的五蘊、十二處、十八界所形成的世界，隨順因緣正確理論的人對五蘊、十二處、十八界都無所執著，因此世間人興起與之諍論辯解；隨順世間的愚痴凡夫不依正理行事，而隨順因緣正確理論者和世間愚痴凡夫相違，但因為因緣法是性空的，是不可得的，而不興起與世間愚痴凡夫諍論辯解的心，所以會經常以無諍的方式而護持正法。」

善思菩薩復問最勝：「今者天王為何所取？」最勝答曰：「善思當知！我不取我亦不取法[1]。」

善思又問：「云何不取？」最勝答言：「我自性離，有情及法自性亦離，如是諸離亦不可得；過去自性離，未來、現在自性亦離，如是諸離亦不可得；諸佛自性非離，諸佛自性非不離[2]；諸佛土自性非離，諸佛土自性非不離；諸法自性非離，諸法自性非不離。善思當知！如是之行名順正理，無取、不取[3]，能護正法。」

爾時，善思菩薩讚最勝天王言：「善哉！善哉！大士！正士！能如是說甚深般若波羅蜜多，無取、無著、無文、無字，滅諸戲論，離能分別及所分

別。」

註釋

1. 我不取我，亦不取法：離我執及法執，離我及法的自性，自性是妄執出來的。
2. 非離、非不離：自性離，即是性空，進一步即是中道不二，不落二邊。
3. 無取、不取：無取、無不取，不落二邊。

譯文

善思菩薩又問最勝天王：「那麼請問現在天王取著的是什麼呢？」最勝天王回答：「善思菩薩！您應該能理解我不取著於我，也不取著於法。」

善思菩薩又問：「如何說不取呢？」最勝天王回答說：「我脫離對自性的執著，不取著於自性，因為自性是不存在的，也離執著於有情及諸法的自性，即便是這樣離執著的本身也不去執著，因為性空的緣故而不可得；離執著於過去的自性，未來、現在的自性也不執著，即便是這樣的種種離執著，也因為不可得而不去執著；諸佛自性非離，諸佛自性非不離，就是諸佛的正報自性非離、非不離，此為中道不二，也就是不落於離與不離二邊；

諸佛土自性非離，諸佛土自性非不離，也就是諸佛依報的諸佛土自性非離、非不離，此為中道不二，也就是諸佛的依報佛土，不落於離與不離二邊；諸法自性非離，諸法自性非不離，就是諸佛所弘傳的諸法自性非離、非不離，此為中道不二，也就是諸法不落於離與不離二邊。善思菩薩您應該知道依照這樣的思惟方式，名為隨順因緣正理，非取、非不取，不落二邊，就是能護持正法。」

這時，善思菩薩讚歎最勝天王說：「太好了！真是太好了！您真是大士菩薩！您真是正士菩薩！能如是宣說甚深法性空慧的般若波羅蜜多，無取、無著、無文、無字，不落二邊，而滅諸戲論，遠離能分別及所分別一切執著啊！」

爾時，眾中有一天子名曰賢德，從座而起頂禮佛足，偏覆左肩，右膝著地，合掌恭敬而白佛言：「世尊！最勝天王所說無分別者為是何法？」

佛告賢德：「天子當知！無分別者是寂靜法。所以者何？能取、所取俱不可得，不生、不滅、離我、我所，如是名為無分別法。若菩薩摩訶薩如是觀者能護正法，不見能護及所護法。」說此法時，十千苾蒭心得解脫，一千天子遠

塵離垢生淨法眼。

譯文

這時候，在大眾中有一位賢德天子，從座位站起來向佛足恭敬頂禮，衣搭左肩，偏袒右肩，右膝著地。合掌恭敬請問佛陀：「世尊！最勝天王所說的無分別者，究竟是甚麼法門？」

佛陀告訴賢德天子說：「賢德天子！你應當知道無分別法門是寂靜法。怎麼說呢？能取、所取二者都不可執取，不生、不滅，遠離我、我所，如是稱為無分別法。如果大士菩薩能如此觀察，就是護持正法，不執著於能護及所護的法。」佛陀說此法的當下，有一萬比丘心得解脫，一千天子能遠離煩惱，得生清淨法眼。

爾時，善思菩薩問最勝天王言：「何等辯才能說如是甚深之法？」最勝答言：「一切煩惱習氣無者所得辯才，能說如是甚深之法；過語言道不可思量勝義妙智，如是辯才能說如是甚深之法。」

譯文

此時，善思菩薩請問最勝天王：「您如何能具有如此無礙的辯才，能說這樣甚深法呢？」最勝天王回答說：「沒有一切煩惱習氣的修行人所得辯才，才能說這樣的甚深法義；必須超越語言，但又得藉語言來說此不可思量的勝義妙智，這樣才能辯才無礙，說這樣的甚深法義。」

善思菩薩問賢德天子言：「云何無生法中以辯才說？」賢德天子答善思言：「若菩薩摩訶薩不住無生無滅法者，則無辯才說甚深法。何以故？遠離戲論，不見所緣，不見能緣，心無所住，是故能說。不住我法，不住此彼，唯住清淨勝義諦中，是故能說。」

譯文

善思菩薩請問賢德天子：「如何於無生法中，能以辯才說法呢？」賢德天子回答善思菩薩：「如果菩薩摩訶薩能不執著於無生、無滅法，則能辯才無礙地宣說甚深法義。怎麼說呢？能遠離文字戲論，不執著於所緣，也不執著於能緣，不落二邊，心無所住而生其心，這樣就能宣說甚深法義。不執著於我法，也不執著於彼此你我，不落二邊，唯有安住於清淨的勝義諦、真實義當中，所以能宣說甚深法義。」

善思菩薩即白佛言：「甚奇！世尊！賢德天子實為希有！乃能通達甚深之法辯才無盡。」佛告善思：「賢德天子從妙喜界不動佛所，而來至此堪忍世界聽深般若波羅蜜多。汝等當知！賢德天子已於無量百千億劫，修習希有陀羅尼門[1]，經劫說法亦不窮盡。」

註釋

1. 陀羅尼門：總持，總一切法，持一切義。

譯文

善思菩薩就向佛陀說：「太奇妙了！世尊！賢德天子真是甚為希有！乃至於能夠這樣通達甚深法義而辯才無盡。」佛陀告訴善思菩薩說：「賢德天子是從東方的妙喜世界不動佛的佛國世界，來到這堪忍世界聽聞甚深因緣的般若波羅蜜多。你們應該知道啊！賢德天子已經在無量百千億劫，修行學習希有難得的陀羅尼門，歷經數劫之久，說法也都是無窮無盡啊！」

善思菩薩復白佛言：「何謂希有陀羅尼門？」佛言：「善思！此希有者名眾法不入陀羅尼門，此陀羅尼門過諸文字，言不能入，心不能量，內外法中皆不可得。善思當知！無有少法能入此者，是故名為眾法不入陀羅尼門。所以者何？此法平等，無高無下、無入無出，無一文字從外而入，無一文字從內而出，無一文字住此法中，亦無文字共相見者，亦不分別法非、法異。是諸文字說亦無減、不說無增，從本際來都無起作及壞滅者。如諸文字，心亦如是；如

心，一切法亦如是。何以故？法離言語亦離思量，從本際來無生無滅故無入出，由此名為眾法不入陀羅尼門。若能通達此法門者辯才無盡。所以者何？通達不斷無盡法故。若有人能入虛空者，則能入此陀羅尼門。

譯文

善思菩薩又向佛請法說：「甚麼是希有的陀羅尼門呢？」佛陀說：「善思菩薩！這希有的陀羅尼門稱為眾法不入陀羅尼門，這陀羅尼門是超越各種文字，言語不能入，心不能量度，內心與外境法皆不可得的。善思菩薩！你應該知道沒有絲毫法門能入這陀羅尼門，是故名為眾法不入陀羅尼門。怎麼說呢？這一法門是平等平等，無高、無下，無有高下，無入、無出，無有出入，沒有一個文字能從外而入，沒有一個文字從內而出，沒有一個文字存在於此法中，也沒有文字是可以共相見的，也是不去分別法的對錯、法的差異。所以這些文字有說也無滅、不說也無增，從本際以來都不起作用及壞滅的。如同諸種文字，從心來說也是如此；如同心一樣，一切法也是如此。怎麼說呢？一切諸法的本質遠離言語，亦遠離思量，從無始多本際以來，無生、無滅，因此也無入、無出，因此稱作眾法不入陀羅尼門。如果通達此法門就能辯才無盡。怎麼說呢？因為能夠通達不斷、無盡法的緣故。

如果有人能入虛空，就能入此陀羅尼門。

「善思當知！若菩薩摩訶薩能通達此陀羅尼門，心得清淨，身、語亦爾；所行順理，般若堅固；諸惡魔軍無能嬈者，一切外道不敢對揚；諸煩惱業莫之能壞，身力堅固心離怯弱；凡所演說辯才無盡，能宣深妙諸聖諦門；智慧多聞猶如大海，安住寂定喻妙高山，如師子王處眾無畏，世法不染猶淨蓮花，饒益有情譬之大地，洗除垢穢喻如大水，成熟世間方諸大火，增長善法同彼大風，清涼悅意類之朗月，能破眾闇其猶烈日，摧煩惱怨如威勇士，心性調伏猶大象王，能震法雷大龍為喻，普雨眾法譬之大雲，如大良醫除煩惱病，猶大國主善御世間，如四天王護有情類及護正法，如天帝釋於人天中富貴最勝心得自在，如大梵王於堪忍界主領自在身得無礙，如揭路荼[1]示教有情，如世間父能流法寶，如毗沙門能出世間種種珍寶；福德智慧之所莊嚴，有情見者無不蒙益，諸佛世尊之所稱讚，天、龍等眾咸擁護之。

註釋

1. 揭路茶：迦樓羅，大鵬金翅鳥。

譯文

「善思菩薩！你應該知道，如果菩薩摩訶薩能通達這個陀羅尼門，心的意業能得清淨，身業、語業也能得清淨；所有行為都能隨順因緣正確理論，般若智慧能夠堅固；諸惡魔軍都不能曲撓破壞，一切外道不敢挑戰對立張揚；所有煩惱造業都不再能導致敗壞修行的功德，色身力量強壯堅固，心力強大而遠離怯弱；一切演說都能辯才無盡，能夠宣說一切甚深奧妙諸聖者所證的真諦法門；智慧多聞猶如大海，安住寂靜禪定就如同妙高山王，如同獅子王身處大眾中毫無畏懼，不染著世間法的染汙，猶如清淨蓮花出汙泥而不染，饒益有情眾生猶如大地，可洗除垢穢如同大水，成熟世間正像大火，增長善法等同大風，清涼悅意類如明朗滿月，能破眾闇好似烈日，摧伏煩惱眾怨如同威猛勇士，心性調伏猶如大象王，能震法雷喻如大龍，普雨眾法譬如大雲，如同大良醫消除煩惱病，就像大國主能善御世間，如同四天王善於守護各類有情眾生及護持正法，如帝釋天於人天中最為殊勝富貴，心得自在，猶如大梵王於堪忍世界，主領自在色身而心無障礙，如大鵬金翅鳥開示教化有情眾生，如同世間慈父能夠流出珍貴法寶，亦如毗沙門天王能夠展現世間種種珍寶；正是福德智慧之所莊嚴，有情眾生見到者無不蒙益，諸佛世尊之所稱讚，天、龍等眾都來擁護。

「善思當知！諸菩薩摩訶薩若得如是陀羅尼門，即能自在饒益有情，方便說法而不窮盡，心無疲倦不徇利譽，法施平等無有慳嫉，受持淨戒三業無愆，安忍清淨離諸恚惱，精進清淨所作成立，靜慮清淨善調伏心，般若清淨永無疑惑，具四無量如大梵王，能善修行等持[1]、等至[2]，入出自在勝諸世間，修大覺因具諸福慧，受灌頂[3]位得大自在。」佛說如是總持門時，眾中六萬四千菩薩得不退轉，三萬菩薩得無生忍，二萬天人遠塵離垢生淨法眼[4]，無量無邊人、天等眾俱發無上正等覺心。

註釋

1. 等持：心一境性，定境。
2. 等至：遠離昏沉、掉舉後，能持心、心所，令其心相續平等而轉的境界。
3. 灌頂：菩薩於第九地入第十法雲地時，得諸佛智水灌頂，或受諸佛摩頂，表示入佛之界。
4. 淨法眼：大乘為登初地菩薩，小乘為證初果的聖者，遠離塵垢，始見道跡，達見道位者。

譯文

「善思菩薩！你應該了解所有菩薩摩訶薩，如果得到如是的陀羅尼門，就能自在地饒益所有有情眾生，方便說法而不窮盡，心無疲倦而不追逐名聞利養，佛法布施平等平等無有慳貪嫉妒，受持清淨戒行，身、口、意三業沒有過患，安定忍辱清淨，遠離種種瞋恚煩惱，精進清淨所作所為皆有成就，靜慮清淨善調伏心，般若清淨永無疑惑，具足四無量心如大梵王，能善於修行平等持心、平等相續而轉的境界，入定出定自在而超勝諸世間，修大乘菩提心而具諸福慧，受灌頂位而得大自在法王成佛。」佛陀說如此的總持法門時，大眾中有六萬四千菩薩得不退轉位，三萬菩薩證得無生忍位，二萬天人遠離煩惱塵垢得生淨法眼，無量無邊人、天等眾，頓時都發無上正遍等正覺的心。

第六分陀羅尼品第十三

爾時，曼殊室利菩薩摩訶薩即從座起頂禮佛足，偏覆左肩，右膝著地，合掌恭敬而白佛言：「甚奇！世尊！如來所說：諸菩薩摩訶薩若得如是眾法不入陀羅尼門，成就無量無邊功德。」佛告曼殊室利菩薩言：「善男子！如是功德，假使如來百千年說亦未能盡。」

譯文

這時候，曼殊室利菩薩摩訶薩即從座位中起身，恭敬地頂禮了佛陀雙足後，偏覆左肩，右膝著地，合掌恭敬地向佛陀請法說：「實在奇妙啊！世尊！諸菩薩摩訶薩如果得如是眾法不入陀羅尼門，則能成就無量無邊功德。」佛陀告訴曼殊室利菩薩，說：「良善的男子！如此殊勝的功德，假使如來用百千年的時間來說明，也說不能盡。」

爾時，眾中有一菩薩名寂靜慧，即白曼殊室利菩薩摩訶薩言：「若菩薩摩訶薩證得如是陀羅尼門，為佛世尊之所稱歎，如是菩薩善得大利，自行化彼皆悉不空。」時，曼殊室利菩薩報寂靜慧菩薩言：「善男子！勝義諦[1]中無法可讚[2]無色無相，無色相者有何可讚？無可讚故於何歡喜？」

註釋

1. 勝義諦：指諸法實相的真實義。
2. 無法可讚：因為法性空故達諸法實相，言語道斷故無法可讚。

譯文

這時候，大眾當中有一位菩薩名為寂靜慧，即對曼殊室利菩薩說：「如果菩薩摩訶薩能夠驗證得如此的陀羅尼門，則為佛世尊所讚歎，如是菩薩善得大利益，自己修行或是度化他人，都能完全不空過的。」這時，曼殊室利菩薩對寂靜慧菩薩報告說：「善男子！勝義諦法，因為絕諸戲論，所以無法以語言文字來讚歎，因為勝義諦的諸法實相是無可言說，並且是無色無相的，既然無色相的話，還有什麼法可以讚歎？也因為無可讚歎的緣故，於何而起歡喜心呢？」

時，寂靜慧復作是言：「我聞如來契經中說：諸法自性無我、我所，無能令喜亦無令瞋；此法平等菩薩應學。譬如大地依止水輪，若鑿井池得水受用，其不鑿者無由致之；如是聖智法平等境遍一切法，若有勤修般若巧便即便證得，其不修者云何得之？是故菩薩欲求無上正等菩提不應懈怠，若勤精進，如是所說法平等境則現在前。

譯文

此時，寂靜慧菩薩再度如此說：「我聽聞佛陀所說的契經當中說：因為諸法自性空的緣故，所以無我、無我所，無能令喜亦無令瞋；此法平等平等菩薩應學。譬如大地依止於水輪，如果鑿井修築水池，必能得到水而受用，其不鑿井的人，也必然無有理由得到水的受用；如此聖者的智慧驗證到的，就是諸法平等的境界，並且是遍一切諸法，盡虛空遍法界。如果有精進修行般若，竭盡善巧方便的人，自然便能證得般若的境界，但是不肯努力修行的人，又怎麼可能獲得般若的體證呢？所以菩薩欲求無上正遍等正覺，就不應該懈怠，若是能勤於精進，如是所說諸法平等的境界，必然能現在面前。

「如生盲人不能見色，如是煩惱所盲有情，於平等法不能得見。如人有眼無外光明，不能覩見所有色像，如是行人雖有智慧，若無善友不能見法。如有天眼不假外明自能見色，如是菩薩預法流者自然勝進。譬如世間處胎藏者，雖漸增長而不自見；如是菩薩勤精進者，眾行漸增亦不自見，而能成辦一切佛

法。如雪山中有妙藥樹，枝條、莖榦不枯不折；如是菩薩勤修精進，所有勝行不退不失。

譯文

「如同生來就盲的人無法見到色境，世間的現象，也如同被煩惱所盲，而看不清楚現象的有情眾生，於如實的平等法相不能得見。如同人有眼識，卻是不具有外在的光明，所以不能親眼見到所有的物質世界，如此修行人雖然有智慧，如果沒有善友就不能見到諸法實相。如果具有天眼就不需要假藉外在的光明，而自己就能見到現象，如是菩薩預入聖者之流，自然而然就能殊勝地精進不已。譬如世俗人自己處於胎藏當中，雖然胎藏逐漸增長，自己卻無法看得見自己；如同菩薩勤修精進，眾多自我修行的功德逐漸增長，自己也是看不見的，累積起來的修行能夠成就辦理所有一切佛法。如同雪山中具有微妙的藥樹，藥樹的枝條、莖榦不斷地成長而不枯乾、不折斷；如是菩薩勤修精進，所有累積的殊勝修行也是不退轉、不消失。

「如轉輪王出現於世具七財寶，如是菩薩發菩提心具七法寶，所謂布施、淨戒、安忍、精進、靜慮、般若、巧便。如轉輪王遊四洲界，於有情類其心平等，如是菩薩以四攝事饒益有情，心常平等。如轉輪王隨所在處則無諍訟，如是菩薩如實說法亦無諍論。譬如三千大千世界初成，即有妙高山王及以大海，如是菩薩初發無上正等覺心，即有般若及以大悲。譬如日出，諸山高者其光先照，如是菩薩得般若炬，諸有高行根熟菩薩先蒙光照。譬如大地普能荷負，一切草木、花果、藥樹皆悉平等，如是菩薩證得如是陀羅尼門，於諸有情其心平等。」

譯文

「例如轉輪聖王出現於世而具有七財寶，如同菩薩發菩提心就具有七法寶，所謂布施、受持清淨戒行、安定忍辱、精進勤修、靜慮禪定、般若智慧、權巧方便。如轉輪聖王悠遊於四大部洲，對於各類有情眾生，菩薩的心平等對待，因此菩薩以四攝法：布施、愛語、利行、同事等事相，來饒益所有有情眾生，內心經常是平等平等的。如轉輪王隨所住在之處則無爭辯訴訟，也因為如此，菩薩如實說法亦無諍論。譬如三千大千世界初成就之時，即有妙高山王及以大海，因此菩薩初發無上正遍等正覺的心，就有般若智慧及以大慈悲觀照眾生。譬如日出，諸多高山先為日光所照亮，如此菩薩如果得般若智慧火炬，諸有超高修行者根機成熟的菩薩先蒙光明照曜。譬如大地廣大地能負荷一切，一切草木、花果、藥樹都完全平等平等，因此菩薩證得如是陀羅尼法門，面對所有諸有情眾生其心平等。」

爾時，佛讚寂靜慧言：「善哉！善哉！如汝所說。諸菩薩摩訶薩若得如是陀羅尼門，諸有所說一文一字無非佛語，如是所說遠離色、聲、香、味、觸、法。何以故？此所說法非世俗故無盡無邊，能引一切身心輕利。假使百千佛前，說者亦不怯弱。所以者何？是菩薩摩訶薩佛加持故心無所著，謂不著我，不著有情，不著諸法，由此證得清淨真如、清淨法界、清淨實際，得法無盡、文字無盡、辯說無盡，爾時即生殊勝歡喜，得妙慧故，得妙智故，無疑網故。」

譯文

此時，佛陀讚歎寂靜慧菩薩說：「真好！真好！如同你所說沒錯。諸菩薩摩訶薩若得如是陀羅尼門，諸有情所說的任何一文一字無不是佛語，如是所說遠離色境、聲境、香境、味境、觸境、法境。怎麼說呢？這些所說的法義超越世俗的緣故，所以能夠無盡無邊，能引得一切身心輕安利益。假使說法者面對百千佛前，說法也不畏怯軟弱。為什麼這麼說呢？這是菩薩摩訶薩及佛陀加持的緣故，使心無所執著，所謂不執著我，不執著有情，不執著諸法，由此證得真理現象——就是清淨真如、清淨法界、清淨實際，得法無盡、文字無盡、辯說無盡，此時立即生起殊勝的歡喜，因為獲得微妙慧的緣故，進而得微妙智的緣故，因此毫無疑惑迷惘的緣故。」

當佛說此總持門時，八千菩薩俱得如是眾法不入陀羅尼門[1]，復有一萬二千菩薩得不退轉，五千菩薩得無生忍，一萬六千諸天子眾遠塵離垢生淨法眼，無量無邊諸有情類俱發無上正等覺心。

註釋

1. 不入陀羅尼門：入陀羅尼門而不可得，有入之相，因不執著故，稱不入。

譯文

當佛說這個總持法門的時候，因為不執著的緣故，八千菩薩都得到如是眾法不入陀羅尼門，並且還有一萬二千菩薩得不退轉果位，五千菩薩得七地圓滿無生法忍位，一萬六千諸天子眾，遠離塵垢而得生聖者的清淨法眼，無量無邊諸有情類都發起無上正遍等正覺的大心。

爾時，佛告寂靜慧言：「此陀羅尼能伏魔眾、摧諸外道、壞嫉法人。然般若燈滅煩惱火，護說法者令至涅槃，調伏內心、善化外眾，容儀整肅見者歡喜，為正行人平等說法，如實觀察有情根性，授法應時非前非後。」

譯文

這時候，佛陀告訴寂靜慧菩薩：「此陀羅尼門能夠降伏魔眾、摧毀諸種外道、破壞嫉妒佛法的人。點燃般若燈，消滅煩惱火，守護說法者令至涅槃，調伏自我內心、善於度化外眾。容貌儀態整肅見者歡喜，為真正修行人平等說法，如實地觀察有情眾生的根性，授以法義適應時節，非前非後，不落前後時間二邊。」

佛說如是諸功德時，於此三千大千世界，一切大海、妙高山王、大地、諸山皆悉振動。爾時，天雨微妙音花、大微妙音花、妙靈瑞花、大妙靈瑞花、嗢鉢羅花、拘某陀花、鉢特摩花、奔荼利花、迦末羅花，諸天空中作眾伎樂。

譯文

佛說如是諸功德的時候，於此三千大千世界，一切大海、微妙高聳的山王、大地、諸山全部都振動起來。這時，天下花如雨，所謂微妙音花、大微妙音花、妙靈瑞花、大妙靈瑞花、另外還有佛教的五種神聖蓮花：嗢鉢羅花（優頗羅花）、拘某陀花（拘牟頭花）、鉢特摩花（鉢曇摩花）、奔荼利花（芬陀利花）、迦末羅花（曼陀羅花），也就是金蓮花、青蓮花、黃蓮花、紅蓮花、白蓮花等，同時諸天空中，還作眾伎樂音。

世尊復告寂靜慧言：「善男子！過去無量無數無邊難思議劫，有佛出世名為寶月，十號具足，國名無毀，劫名喜讚，聲聞弟子三十二億，菩薩弟子無量無邊，然彼如來先無苦行及降魔事而證菩提。時，彼眾中有一菩薩名寶功德，具妙辯才，能為有情種種說法。時，諸大眾請彼如來不入涅槃久住於世。

譯文

佛陀又告訴寂靜慧菩薩說：「善男子！過去無量無數無邊不可思議劫數之前，有一位佛陀出世，名號為『寶月佛』，佛陀的十個名號具足，國名『無毀世界』，時間名為『喜寶劫』，聲聞弟子有三十二億之多，菩薩弟子無量無數不可計數，然而彼如來先並無苦行及降魔事，直接證得菩提果報成佛。此時，他們大眾中有一位名為寶功德菩薩，具足微妙辯才而無礙，能為諸有情眾生作種種說法。此時，諸大眾請彼如來不要入涅槃，希望能久住於世間來教化眾生。

「時，寶功德告大眾言：『諸佛世尊無生無滅，何用勸請不入涅槃？若太虛空入涅槃者，如來乃可入般涅槃；若有真如、法界、實際、不思議界入涅槃者，如來乃可入般涅槃。所以者何？如來之法無成無壞、無染無淨，非世間非出世間、非有為非無為、非常非斷。假令一口而有十舌，是一一舌復生百舌，是一一舌復生千舌，亦不能說如來成壞，乃至不能說有常斷，云何大眾勸請如來不入涅槃久住於世？』」

譯文

「這時，具足微妙辯才的寶功德菩薩向大眾說：『諸佛世尊無生無滅，何必動用勸請世尊不入涅槃？就像如果太虛空可以入涅槃的話，那麼如來也可以入涅槃；如果有真如、法界、實際、不思議界的真理現象可以入涅槃，如來乃可以入涅槃。為什麼這麼說呢？因為如來所說的甚深法義無成無壞、無染無淨，非世間非出世間、非有為非無為、非常非斷，呈現所謂中道不二的真理現象，這是絕諸戲論、言語道斷的真理世界。假如讓我們的一個嘴有十個舌頭，這十個舌頭還生出百舌，這一一舌又復生出千個舌頭，也不能說如來的成就與敗壞，乃至不能說有常見與斷見，為何大眾還勸請如來不入涅槃，久住於世？這豈不是落入二邊的世俗法？』

「彼寶功德說此法時，八萬六千諸菩薩眾得不退轉，七千菩薩摩訶薩眾俱得無邊功德陀羅尼門、悅意陀羅尼門、無礙陀羅尼門、歡喜陀羅尼門、大悲陀羅尼門、月愛陀羅尼門、月光陀羅尼門、日愛陀羅尼門、日光陀羅尼門、妙高山王陀羅尼門、深廣大海陀羅尼門、功德寶王陀羅尼門，三萬六千人、天大眾遠塵離垢生淨法眼。」

譯文

「這位寶功德菩薩說此法的時候，八萬六千諸菩薩眾證得不退轉，七千菩薩摩訶薩眾俱得無邊功德陀羅尼門、悅意陀羅尼門、無礙陀羅尼門、歡喜陀羅尼門、大悲陀羅尼門、月愛陀羅尼門、月光陀羅尼門、日愛陀羅尼門、日光陀羅尼門、妙高山王陀羅尼門、深廣大海陀羅尼門、功德寶王陀羅尼門，三萬六千人、天大眾遠塵離垢生淨法眼。」

世尊復告寂靜慧言：「昔寶功德今汝身是，由此因緣，汝能說是陀羅尼門種種功德。」時，曼殊室利菩薩摩訶薩而說頌言：「總持猶妙藥，能療眾惑病，亦如天甘露，服者常安樂。」

時，功德花王菩薩摩訶薩復說頌言：「總持無文字，文字顯總持，由般若大悲，離言以言說。」

譯文

世尊又告訴寂靜慧菩薩說：「從前寶功德菩薩就是現在的寂靜慧菩薩，就是現在的你本身啊！由於此種因緣，你能說這是陀羅尼門的種種功德。」這時，曼殊室利菩薩摩訶薩而說偈頌，說：「『眾法不入陀羅尼門』的總持法門，猶如微妙藥效，能療治眾多惑病，也如同天上的甘露水，服用者常保安康快樂。」

此時，功德花王菩薩摩訶薩再說偈頌，言：「總持法門無文字，文字卻顯總持法門，由於般若智慧充滿大慈大悲，所以離言而言說。」

爾時，珊覩史多天王即從座起頂禮佛足，偏覆左肩，右膝著地，合掌恭敬而白佛言：「諸佛功德不可思議，諸佛所說不可思議，諸大菩薩所行勝行所說妙法不可思議。我等諸天宿世所植善根深厚，得值如來聞說如是甚深妙法。」即以無量天妙花香奉散如來而為供養。

譯文

這時，珊覩史多天王即從座起，頂禮佛陀雙足，偏覆左肩，右膝著地，雙手合掌恭敬地向佛陀請法，說：「諸佛的修行功德不可思議，諸佛所說的甚深法義不可思議，諸大菩薩所實踐的殊勝修行，所說的微妙佛法更是不可思議。我們諸天人因為累劫宿世的修行，所種植善根非常的深厚，才得以正好值遇如來世尊，能夠聽聞佛陀宣說如此甚深的微妙佛法。」說完後，立即用無量無邊天界微妙的花與香，恭敬供奉如來世尊而作為最上的供養。

爾時，佛告彼天王言：「天王當知！諸欲供養佛世尊者，當修三法：一者、發菩提心。二者、護持正法。三者、如教修行。天王當知！若能修學此三法者，乃得名為真供養佛。假使如來一劫住世，說此供養所獲功德亦不能盡。是故，天王！若欲供養佛世尊者，具此三法名真供養。天王當知！若有護佛一四句頌，則為擁護過去、未來、現在諸佛所證無上正等菩提。何以故？諸佛世尊所證無上正等菩提從法生故。法供養者名真供養，諸供養中最為第一，資財供養所不能比。天王當知！我念過去無量無數難思議劫精勤修學菩薩道時，聞虛空中天說頌曰：

『二人遠離王賊等，所不能侵大寶藏，
百千萬劫法難聞，得聞不持不施等。

大菩提心護正法，如教修行心寂靜，
自利利他心平等，是則名真供養佛。』

譯文

這時候，佛陀告訴這位珊覩史多天王：「珊覩史多天王！你應該了解諸有情眾生想要供養諸佛世尊的人，應當修學三種法門：一者，發菩提心；二者，護持正法；三者，如教修行，也就是依教奉行，如法修行。天王，你應該了解，如果能夠學習這三種法門的人，也才得以名為真正供養諸佛世尊。假使世尊如來安住世間一整劫，不斷地說這種供養所獲得的功德，說也說不盡的。所以，珊覩史多天王！如果想要供養諸佛世尊的人，必須具足這三種法門，方能名為真正供養。珊覩史多天王！你應當知道如果有護持佛陀一個四句偈頌，則等於擁護過去、未來、現在諸佛世尊，所驗證的無上正遍等正覺。怎麼說呢？諸佛世尊所證得無上正遍等正覺的菩提佛果，就是從正法供養而產生的緣故。法供養者名為真正供養，諸種供養當中最為第一，如果用資產財富供養所不能比擬的。珊覩史多天王！你應當知道我憶念過去無量無數難思議劫中，非常精進勤於修學菩薩道時，聽聞到虛空中天人說偈頌，說：『因為您們多作法供養，所以您們二人已經遠離主要的煩惱賊等，因此不能侵損宿世修行的廣大功德藏，歷經百千萬劫，佛法是非常難以聽聞，如今得以聽聞，就不能再抱持著不布施的慳貪等習性。因為發大菩提心，護持正法，依教奉行，如法修行，內心無所求而感受因緣正法的平等而寂靜，自己獲利又能利益他人，能所不二而內心體會平等法性，則是名為真正供養諸佛世尊。』

「天王當知！我於過去初聞此頌即為他說，時有八千諸有情類俱發無上正等覺心。是故，天王！以法供養最為第一。何以故？諸佛無上正等菩提從法生故。」

譯文

「珊覩史多天王！你應當知道我於過去世，初聞這個偈頌就趕緊為他人宣說，當時有八千諸有情眾生都發起無上正遍等正覺的大心。所以，珊覩史多天王！以法供養最為第一、最上供養。怎麼說呢？諸佛世尊成就無上正遍等正覺的菩提果報，也就是成就佛果，就是從正法供養產生的緣故。」

第六分勸誡品第十四之一

爾時，曼殊室利菩薩復從座起頂禮佛足，偏覆左肩，右膝著地，合掌恭敬而白佛言：「如來所說甚深般若波羅蜜多，頗有有情於當來世正法將滅時分轉時能信受不？若善男子、善女人等聞說是經信受不謗，如此人等成何功德？」佛告曼殊室利菩薩言：「善男子！於當來世正法將滅時分轉時，有善男子、善女人等，曾於無量無邊佛所修行淨戒、靜慮、般若，是佛真子能信此經，所致功德不可稱計。諸勝善法從般若生，若有人能信受不謗，吾今為汝略以喻說。」

譯文

這時候，曼殊室利大菩薩再次從座位站起來，頂禮佛陀雙足，左肩覆蓋袈裟，右膝著地，雙手合掌，恭敬地請示佛陀說：「如來您所說甚深般若智慧，能度一切苦厄至完全消滅的波羅蜜多法，在未來世正法即將滅失時分的轉變之際，是否有頗多的有情眾生，還能相信受持嗎？如果善男子、善女人能聽聞這部經典，相信受持而且不毀謗正法，這樣的人會成就何種功德呢？」佛陀告訴曼殊室利菩薩，說：「善男子！在未來世正法即將滅失時分的轉變之際，有善男子、善女人等，曾經於無量無邊佛所修行清淨戒律、靜慮禪定、般若智慧，這是真正的佛弟子，能夠深信此部經典，所獲致的功德多到無法算計。諸種殊勝的善法都從修習般若智慧而產生的，如果有人能相信受持而且不毀謗，我現在略用譬喻方式來說明如此功德的廣大無邊。」

「曼殊室利！此贍部洲周匝七千踰繕那量[1]，北廣南狹形如車箱，其中人面亦復如是。假使充滿此贍部洲預流、一來、不還、阿羅漢、獨覺，如粟、稻、麻、竹、荻、蘆葦、甘蔗林等中無間隙。有善男子、善女人等盡彼聖眾壽量短長，以諸世間上妙飲食、衣服、臥具及醫藥等，起殷淨心奉施供養。般涅槃後各收馱都[2]，起窣堵波[3]嚴飾供養，或以七寶滿贍部洲積至梵宮，於諸聖眾各別奉施爾所七寶，畢自壽量晝夜三十年呼栗多[4]相續不斷。曼殊室利！於意云何？是善男子、善女人等由此因緣獲福多不？」

曼殊室利即白佛言：「甚多！世尊！甚多！善逝！」佛告曼殊室利菩薩：「若善男子、善女人等能於此經信受不謗，所獲福聚於前施福，百倍為勝，千倍為勝，乃至鄔波尼殺曇[5]倍亦復為勝。」

註釋

1. 踰繕那量：數量之稱，由旬，古聖王一日軍行之里程也。
2. 馱都：舍利子，等同如意寶珠。
3. 窣堵波：舍利塔、佛塔、浮圖塔。
4. 三十牟呼栗多：為一晝夜。
5. 鄔波尼殺曇：近少，微細分析至極之言。

譯文

「曼殊室利！我們南贍部洲四邊周匝共有七千由旬，一由旬為古聖王一日軍行之里程也。北邊廣闊南邊狹窄，形狀如同車箱一般，而生在其中的人們，臉部輪廓也像車箱形狀。假使充滿於南贍部洲初果的預流聖者、二果的一來聖者、三果的不還聖者、四果的阿羅漢聖者，以及獨覺聖者的數量，如同粟米、稻子、苧麻、竹子、荻草、蘆葦、甘蔗林等植物非常茂密，茂盛到如同沒有空隙，密集極多量的聖者們。有無數之善男子、善女人們在這些眾多聖者各有長短壽命的期間，能用盡各種世間最上等美妙的飲食、衣服、臥具及醫藥等，發起殷重清淨心供奉布施供養。於聖人們面臨圓寂後，又將收受火化後的舍利，啟造佛塔，並莊嚴裝飾布置而供養，或是用七寶——金、銀、琉璃、水晶、硨磲、珍珠、瑪瑙，布滿南贍部洲，再向上累積滿至梵天宮殿，於諸聖眾處所，各別奉施這種種的七寶，盡其一生晝晝夜夜而相續不斷。曼殊室利！你有什麼看法？這樣做的善男子、善女人，因為這樣的因緣，所獲得的福德多不多呢？」

曼殊室利立即回答佛陀說：「非常多啊！世尊！非常多啊！善逝！圓滿的寂滅者！」

佛陀告訴曼殊室利菩薩說：「如果善男子、善女人等對於此部經典，能深深相信而不懷疑，受持而不毀謗，所獲得的福德積聚比前面說布施的福德，勝過百倍、千倍，甚至是非常非常微少的倍數，也是非常殊勝的。」

「曼殊室利！東勝身洲周匝八千踰繕那量，形如半月，人面亦爾。假使充滿東勝身洲預流、一來、不還、阿羅漢、獨覺，如粟、稻、麻、竹、荻、蘆葦、甘蔗林等中無間隙。有善男子、善女人等盡彼聖眾壽量短長，以諸世間上妙飲食、衣服、臥具及醫藥等，起殷淨心奉施供養。般涅槃後各收馱都，起窣堵波嚴飾供養，或以七寶滿勝身洲積至梵宮，於諸聖眾各別奉施爾所七寶，畢自壽量晝夜三十年呼栗多相續不斷。曼殊室利！於意云何？是善男子、善女人等由此因緣獲福多不？」

曼殊室利即白佛言：「甚多！世尊！甚多！善逝！」佛告曼殊室利菩薩：「若善男子、善女人等能於此經信受不謗，所獲福聚於前施福，百倍為勝，千倍為勝，乃至鄔波尼殺曇倍亦復為勝。」

譯文

「曼殊室利！東勝身洲四邊周匝共有八千由旬，北邊廣闊南邊狹窄，形狀如半月，而生在其中的人們，臉部輪廓也像半月形。假若充滿在東勝身洲，初果的預流聖者、二果的一來聖者、三果的不還聖者、四果的阿羅漢聖者，以及獨覺聖者的數量，如同粟米、稻子、苧麻、竹子、荻草、蘆葦、甘蔗林等植物非常茂密，茂密到如同沒有空隙，密集而極多量的聖者們。有無數之善男子、善女人們在這些眾多聖者各有長短壽命的期間，能用盡各種世間最上等美妙的飲食、衣服、臥具及醫藥等，發起殷重清淨心供奉布施供養。在聖人們面臨入滅後，又將收受火化後的舍利，啟建佛塔，莊嚴裝飾布置而供養，或是用七寶——金、銀、琉璃、水晶、硨磲、珍珠、瑪瑙，布滿東勝身洲，再向上累積滿至梵天宮殿，於諸聖眾處所各別供奉布施七寶，盡其一生中晝晝夜夜而相續不斷。曼殊室利！你有什麼看法？這樣做的善男子、善女人，因為這樣的因緣，所獲得的福德多不多呢？」

曼殊室利即刻回答佛陀說：「非常多啊！世尊！非常多啊！善逝，圓滿的寂滅者！」

佛陀告訴曼殊室利菩薩說：「如果善男子、善女人等對於此部經典，能深深相信而不懷疑，受持而不毀謗，所獲得的福德積聚比起前面說布施的福德，勝過百倍、千倍，甚至是非常非常微小的倍數，也是非常殊勝的。」

「曼殊室利！西牛貨洲周匝九千踰繕那量，形如滿月，人面亦爾。假使充滿西牛貨洲預流、一來、不還、阿羅漢、獨覺，如粟、稻、麻、竹、荻、蘆

葦、甘蔗林等中無間隙。有善男子、善女人等盡彼聖眾壽量短長，以諸世間上妙飲食、衣服、臥具及醫藥等，起殷淨心奉施供養。般涅槃後各收馱都，起窣堵波嚴飾供養，或以七寶滿牛貨洲積至梵宮，於諸聖眾各別奉施爾所七寶，畢自壽量晝夜三十年呼栗多相續不斷。曼殊室利！於意云何？是善男子、善女人等由此因緣獲福多不？」

曼殊室利即白佛言：「甚多！世尊！甚多！善逝！」佛告曼殊室利菩薩：「若善男子、善女人等能於此經信受不謗，所獲福聚於前施福，百倍為勝，千倍為勝，乃至鄔波尼殺曇倍亦復為勝。」

譯文

「曼殊室利！西牛賀洲四邊周匝共有九千由旬，形狀如滿月形，而生在其中的人們，臉部輪廓也像滿月形。假若充滿在西牛賀洲，初果的預流聖者、二果的一來聖者、三果的不還聖者、四果的阿羅漢聖者，以及獨覺聖者的數量，如同粟米、稻子、苧麻、竹子、荻草、蘆葦、甘蔗林等植物非常茂密，茂密到沒有如同任何空隙，密集而極多量的聖者們。有無數之善男子、善女人們在這些眾多聖者各有長短壽命的期間，能用盡各種世間最上等美妙的飲食、衣服、臥具及醫藥等，發起殷重清淨心供奉布施供養。在聖人們面臨入滅後，又將收受火化後的舍利，啟建佛塔，莊嚴裝飾布置而供養，或是用七寶——金、銀、琉璃、水晶、硨磲、珍珠、瑪瑙，布滿西牛賀洲再向上累積滿至梵天宮殿，於諸聖眾處所各別供奉布施七寶，盡其一生晝晝夜夜而相續不斷。曼殊室利！你有什麼看法？這樣做的善男子、善女人，因為這樣的因緣，所獲得的福德多不多呢？」

曼殊室利即刻回答佛陀說：「非常多啊！世尊！非常多啊！善逝，圓滿的寂滅者！」

佛陀告訴曼殊室利菩薩說：「如果善男子、善女人等對於此部經典能深深相信而不懷疑，受持而不毀謗，所獲得的福德積聚比起前面說布施的福德，勝過百倍、千倍，甚至是非常非常微小的倍數，也是非常殊勝難得的。」

「曼殊室利！北俱盧洲周匝十千踰繕那量，其形方正，人面亦爾。假使充滿北俱盧洲預流、一來、不還、阿羅漢、獨覺，如粟、稻、麻、竹、荻、蘆葦、甘蔗林等中無間隙。有善男子、善女人等盡彼聖眾壽量短長，以諸世間上妙飲食、衣服、臥具及醫藥等，起殷淨心奉施供養。般涅槃後各收馱都，起窣

堵波嚴飾供養，或以七寶滿俱盧洲積至梵宮，於諸聖眾各別奉施爾所七寶，畢自壽量晝夜三十年呼栗多相續不斷。曼殊室利！於意云何？是善男子、善女人等由此因緣獲福多不？」

曼殊室利即白佛言：「甚多！世尊！甚多！善逝！」佛告曼殊室利菩薩：「若善男子、善女人等能於此經信受不謗，所獲福聚於前施福，百倍為勝，千倍為勝，乃至鄔波尼殺曇倍亦復為勝。」

譯文

「曼殊室利！北俱盧洲四邊周匝共有一萬由旬，外型方正，而生在其中的人，臉部輪廓亦像方正形。假使充滿在北俱盧洲，初果的預流聖者、二果的一來聖者、三果的不還聖者、四果的阿羅漢聖者，以及獨覺聖者的數量，如同粟米、稻子、苧麻、竹子、荻草、蘆葦、甘蔗林等植物非常茂密，茂密到如同沒有空隙，密集而極多量的聖者們。有無數之善男子、善女人們在這些眾多聖者各有長短壽命的期間，能用盡各種世間最上等美妙的飲食、衣服、臥具及醫藥等，發起殷重清淨心供奉布施供養。在聖人們面臨圓寂後，又將收受火化後的舍利，啟建佛塔，莊嚴裝飾布置而供養，或是用七寶——金、銀、琉璃、水晶、硨磲、珍珠、瑪瑙，布滿北俱盧洲，再向上累積滿至梵天宮殿，於諸聖眾處所各別供奉布施七寶，盡其一生晝晝夜夜而相續不斷。曼殊室利！你有什麼看法？這樣做的善男子、善女人，因為這樣的因緣，所獲得的福德多不多呢？」

曼殊室利即刻回答佛陀說：「非常多啊！世尊！非常多啊！善逝！圓滿寂滅者！」佛陀告訴曼殊室利菩薩說：「假若善男子、善女人等對於此部經典，能深深相信而不懷疑，受持而不毀謗，所獲得的福德積聚比起前面說布施的福德，勝過百倍、千倍，甚至是非常非常微小的倍數，也是非常殊勝的。」

國家圖書館出版品預行編目（CIP）資料

大般若波羅蜜多經・第五百七十二卷【寬謙法師講經版】／（唐）玄奘譯；釋寬謙註述.
-- 初版. -- 新北市：臺灣商務印書館股份有限公司, 2022. 5
176 面；15×23 公分

ISBN 978-957-05-3361-3（平裝）

1. 般若部

221.4 110014633

大般若波羅蜜多經·第五百七十二卷
【寬謙法師講經版】

經文譯者—（唐）玄奘譯

註　　述—釋寬謙
發 行 人—王春申
選書顧問—林桶法、陳建守
總 編 輯—張曉蕊
責任編輯—何宣儀
封面設計—張　巖
內頁設計—黃淑華

營 業 部—蘇魯屏、王建棠、張家舜、謝宜華
出版發行—臺灣商務印書館股份有限公司
23141 新北市新店區民權路 108-3 號 5 樓（同門市地址）
電話：（02）8667-3712　傳真：（02）8667-3709
讀者服務專線：0800056196
郵撥：0000165-1
E-mail：ecptw@cptw.com.tw
網路書店網址：www.cptw.com.tw
Facebook：facebook.com.tw/ecptw

局版北市業字第 993 號
初　　版—2022 年 5 月
印 刷 廠—鴻霖印刷傳媒股份有限公司
定　　價—新台幣 980 元

法律顧問—何一芃律師事務所

臺灣商務印書館
官方網站

臺灣商務印書館
臉書專頁

臺灣商務 LINE
官方帳號